O CONCEITO DE ANULAÇÃO OU PREJUÍZO DE BENEFÍCIOS NO CONTEXTO DA EVOLUÇÃO DO GATT À OMC

Regina Maria de Souza Pereira

*Auditora Fiscal da Receita Federal no Rio de Janeiro.
Mestre em Direito Internacional e Integração Econômica na
Universidade do Estado do Rio de Janeiro — UERJ*

O CONCEITO DE ANULAÇÃO OU PREJUÍZO DE BENEFÍCIOS NO CONTEXTO DA EVOLUÇÃO DO GATT À OMC

RENOVAR
Rio de Janeiro • São Paulo
2003

Todos os direitos reservados à
LIVRARIA E EDITORA RENOVAR LTDA.
MATRIZ: Rua da Assembléia, 10/2.421 - Centro - RJ
CEP: 20011-901 - Tel.: (21) 2531-2205 - Fax: (21) 2531-2135
LIVRARIA CENTRO: Rua da Assembléia, 10 - loja E - Centro - RJ
CEP: 20011-901 - Tels.: (21) 2531-1316 / 2531-1338 - Fax: (21) 2531-1873
LIVRARIA IPANEMA: Rua Visconde de Pirajá, 273 - loja A - Ipanema - RJ
CEP: 22410-001 - Tel: (21) 2287-4080 - Fax: (21) 2287-4888
FILIAL RJ: Rua Antunes Maciel, 177 - São Cristóvão - RJ - CEP: 20940-010
Tels.: (21) 2589-1863 / 2580-8596 / 3860-6199 - Fax: (21) 2589-1962
FILIAL SP: Rua Santo Amaro, 257-A - Bela Vista - SP - CEP: 01315-001
Tel.: (11) 3104-9951 - Fax: (11) 3105-0359

www.editorarenovar.com.br   renovar@editorarenovar.com.br
SAC: 0800-221863

Conselho Editorial

Arnaldo Lopes Süssekind — Presidente
Carlos Alberto Menezes Direito
Caio Tácito
Luiz Emygdio F. da Rosa Jr.
Celso de Albuquerque Mello
Ricardo Pereira Lira
Ricardo Lobo Torres
Vicente de Paulo Barretto

Revisão Tipográfica
Teresa Cristina Queiroz
Renato Carvalho

Capa
Julio Cesar Gomes

Editoração Eletrônica
TopTextos Edições Gráficas Ltda.

№ 0739

CIP-Brasil. Catalogação-na-fonte
Sindicato Nacional dos Editores de Livros, RJ.

P436

Pereira, Regina Maria de Souza.
O conceito de anulação ou prejuízo de benefícios no contexto da evolução do GATT à OMC / Regina Maria de Souza Pereira. — Rio de Janeiro: Renovar, 2003.
164p. ; 21cm.

ISBN 85-7147-321-8

1. Acordo Geral de Tarifas e Comércio (Organização). 2. Comércio internacional. 3. Organização Mundial do Comércio. 4. Relações econômicas internacionais. I. Título.

CDD 331.1

Proibida a reprodução (Lei 9.610/98)
Impresso no Brasil
Printed in Brazil

Biblioteca de teses

Os Cursos de Pós-Graduação têm se desenvolvido no Brasil, e a produção de teses tem sido elevada e de alto nível.

A Editora Renovar propõe na presente Biblioteca estimular a divulgação de obras que contribuam para o desenvolvimento da ciência jurídica brasileira, levando-as ao conhecimento do grande público.

No Direito as novidades estão, de um modo geral, nas teses e nas revistas especializadas.

Assim sendo, a Editora Renovar abre a sua linha editorial para os juristas que estão no início de sua carreira profissional como mestres e doutores. A Biblioteca tem esperança de que venha a constituir um estímulo a estes profissionais.

É mais uma prova de que acreditamos na qualidade das obras jurídicas brasileiras. A nossa linha editorial é marcada por uma rigorosa seleção realizada pelo Conselho Editorial, que reúne eminentes juristas.

Editora Renovar

BIBLIOTECA DE TESES RENOVAR

Posse da Segurança Jurídica à Questão Social
Marcelo Domanski

O Prejuízo na Fraude Contra Credores
Marcelo Roberto Ferro

A Pessoa Jurídica e os Direitos da Personalidade
Alexandre Ferreira de Assumpção Alves

Estado e Ordem Econômico-Social
Marco Aurélio Peri Guedes

O Projeto Político de Pontes de Miranda
Dante Braz Limongi

O Direito do Consumidor na Era da Globalização
Sônia Maria Vieira de Mello

As Novas Tendências do Direito Extradicional
Artur de Brito Gueiros Souza

Fundamentos para uma Interpretação Constitucional do Princípio da Boa-Fé
Teresa Negreiros

O Ministério Público Brasileiro
João Francisco Sauwen Filho

A Criança e o Adolescente no Ordenamento Jurídico Brasileiro
Maria de Fátima Carrada Firmo

Propriedade e Domínio
Ricardo Aronne

O Princípio da Proporcionalidade e a Interpretação da Constituição
Paulo Arminio Tavares Buechele

Condomínio de Fato
Danielle Machado Soares

A Liberdade de Imprensa e o Direito à Imagem
Sidney Cesar Silva Guerra

Direito de Informação e Liberdade de Expressão
Luís Gustavo Grandinetti C. de Carvalho

A Saga do Zangão - Uma visão sobre o direito natural
Viviane Nunes Araújo Lima

Mercosul e Personalidade Jurídica Internacional
Marcus Rector Toledo Silva

Família sem Casamento
Carmem Lúcia S. Ramos

A Disciplina Jurídica dos Espaços Marítimos na Convenção das Nações Unidas sobre Direito do Mar de 1982 e na Jurisprudência Internacional
Jete Jane Fiorati

O Direito Econômico na Perspectiva da Globalização
César Augusto Silva da Silva

Os Limites da Reforma Constitucional
Gustavo Just da Costa e Silva

Hermenêutica e Argumentação — Uma Contribuição ao Estado do Direito
Margarida Maria Lacombe Camargo

O Referendo
Adrian Sgarbi

Segurança Internacional e Direitos Humanos
Simone Martins

Os Fundamentos e os Limites do Poder Regul. no Âmbito do Mercado Financeiro
Simone Lahorghe

O Direito Cibernético
Alexandre F. Pimentel

Conflitos entre Tratados Internacionais e Leis Internas
Mariângela Ariosi

Privatizações sob Ótica do Direito Privado
Henrique E. G. Pedrosa

A tutela de urgência no processo do trabalho: uma visão histórico-comparativa (Idéias para o caso brasileiro)
Eduardo Henrique von Adamovich

Jurisprudência Brasileira sobre Transporte Aéreo
José Gabriel Assis de Almeida

Superfície Compulsória — Instrumento de Efetivação da Função Social da Propriedade
Marise Pessôa Cavalcanti

As famílias não-fundadas no casamento e a condição feminina
Ana Carla Harmatiuk Matos

Invalidade processual: um estudo para o processo do trabalho
Aldacy Rachid Coutinho

A vida humana embrionária e sua proteção jurídica
Jussara Maria Leal de Meirelles

O Princípio Constitucional da Dignidade da Pessoa Humana: O Enfoque da Doutrina Social da Igreja
Cleber Francisco Alves

Conversão Substancial do Negócio Jurídico
João Alberto Schützer Del Nero

O Direito da Concorrência no Direito Comunitário Europeu — Uma contribuição ao Mercosul
Dyle Campello

Mercosul, União Européia e Constituição
Marcio Monteiro Reis

Direito Tributário e Globalização: Ensaio Crítico sobre Preços de Transferência
Jurandi Borges Pinheiro

Transexualismo. O direito a uma nova identidade sexual
Ana Paula Ariston Barion Peres

Direitos Reais e Autonomia da Vontade (O Princípio da Tipicidade dos Direitos Reais)
André Pinto da Rocha Osorio Gondinho

A Paternidade Presumida no Direito Brasileiro e Comparado
Luís Paulo Cotrim Guimarães

Os Novos Paradigmas da Família Contemporânea
Cristina de Oliveira Zamberlam

O Mito da Verdade Real na Dogmática do Processo Penal
Francisco das Neves Baptista

O Direito ao Desenvolvimento na Perspectiva da Globalização: Paradoxos e Desafios
Ana Paula Teixeira Delgado

Cooperação Jurídica Penal no Mercosul
Solange Mendes de Souza

Em Busca da Família do Novo Milênio
Rosana A. Girardi Fachin

Juizados Especiais Criminais
Beatriz Abraão de Oliveira

O Princípio da Impessoalidade
Livia Maria Armentano Koenigstein Zago

O Princípio da Subsidiariedade no Direito Público Contemporâneo
Silvia Faber Torres

Direito, Escassez e Escolha: em Busca de Critérios Jurídicos para Lidar com a Escassez de Recursos e as Decisões Trágicas
Gustavo Amaral

Decadência e Prescrição no Direito Tributário do Brasil
Francisco Alves dos Santos Jr.

Lesão Contratual no Direito Brasileiro
Marcelo Guerra Martins

Acesso à Justiça — Um problema ético-social no plano da realização do Direito
Paulo Cesar Santos Bezerra

Concurso Formal e Crime Continuado
Patrícia Mothé Glioche Béze

A Boa-fé e a Violação Positiva do Contrato
Jorge Cesa Ferreira da Silva

Responsabilidade Patrimonial do Estado por Ato Jurisdicional
Zulmar Fachin

Gestão Fraudulenta de Instituições de Instituição Financeira e Dispositivos Processuais da Lei 7.492/86
Juliano Breda

Contratos de Software "Shrinkwrap Licenses" e "Clickwrap Licenses"
Emir Iscandor Amad

Jurisdição Constitucional, Democracia e Racionalidade Prática
Cláudio Pereira de Souza Neto

Desconsideração da Personalidade Jurídica — Aspectos processuais
Osmar Vieira da Silva

O Dano Pessoal na Sociedade de Risco
Maria Alice Costa Hofmeister

Presunções e Ficções no Direito Tributário e no Direito Penal Tributário
Iso Chaitz Scherkerkewitz

Honra, Imagem, Vida Privada e Intimidade em Colisão com outros Direitos
Mônica Neves Aguiar da Silva Castro

Da Lesão no Direito Brasileiro Atual
Carlos Alberto Bittar Filho

Repetição do Indébito Tributário — O Inconstitucional artigo 166 do CTN
Luis Dias Fernandes

Uma Análise da Textura Aberta da Linguagem e sua Aplicação ao Direito
Noel Struchiner

Direito Tributário *versus* Mercado
Marcos Rogério Palmeira

O Direito à Educação
Regina Maria F. Muniz

O Abuso do Direito e as Relações Contratuais
Rosalice Fidalgo Pinheiro

A Legitimação dos Princípios Constitucionais Fundamentais
Ana Paula Costa Barbosa

A Participação Popular na Administração Pública: o Direito de Reclamação
Adriana da Costa Ricardo Schier

Do Pátrio Poder à Autoridade Parental
Marcos Alves da Silva

Paradigma Biocêntrico: Do Patrimônio Privado ao Patrimônio Ambiental
José Robson da Silva

O Discurso Jurídico da Propriedade e suas Rupturas
Eroulths Cortiano Junior

Próximos lançamentos

A Mulher no Espaço Privado: Da Incapacidade à Igualdade de Direitos
Maria Alice Rodrigues

Transformações do Direito Administrativo
Patrícia F. Baptista

A Propriedade como Relação Jurídica Complexa
Francisco Eduardo Loureiro

A Defesa do Consumidor na Estrutura Sócio-Econômica do Neo-Liberalismo
María Alejandra Fortuny

As Agências Reguladoras no Direito Brasileiro
Arianne Brito Rodrigues Cal

As Novas Tendências na Regulamentação do Sistema de Telecomunicações pela Agência Nacional de Telecomunicações — ANATEL
Lucas de Souza Lehfeld

O Direito de Resistência na Ordem Jurídica Constitucional Brasileira
Maurício Gentil Monteiro

O Direito de Assistência Humanitária
Alberto do Amaral Júnior

A Renúncia à Imunidade de Jurisdição pelo Estado Brasileiro
Antenor Pereira Madruga Filho

Estado, Sociedade Civil e Princípio da Subsidiariedade na Era da Globalização
Vania Mara Nascimento Gonçalves

Contrato de Trabalho Virtual
Margareth F. Barcelar

Terceirização e Intermediação de Mão-de-obra
Rodrigo de Lacerda Carelli

A Relação entre o Interno e o Internacional
Estevão Ferreira Couto

Contribuições para o Financiamento da Seguridade Social: Critérios para Definição de sua Natureza Jurídica
Silvania Conceição Tognetti

Ofereço este trabalho a Ozny Pereira e Léa Deborah de Souza Pereira, meus pais, a quem tudo devo.

Os meus mais sinceros agradecimentos ao meu amigo e incentivador José Alberto Bucheb, a minha querida mestra Maria Lúcia de Paula Oliveira e a Marta Calmon Lemme, pelo estímulo e conselhos de grande utilidade para a pesquisa do tema dessa dissertação, e a Martha de Sena, pela dedicação dispensada à revisão.

Resumo

Este trabalho pretende abordar a evolução da regulamentação do comércio internacional desde o GATT 1947, que, durante quase meio século, foi o instrumento utilizado na prática com o fim de coordenar e supervisionar as regras do comércio internacional, até a criação da OMC, em 1994. Examina também o Acordo Constitutivo da OMC, que tem por objetivo a condução das relações comerciais entre os Membros e a aplicação, administração e funcionamento dos acordos relativos ao comércio. A análise se detém ainda no procedimento utilizado para dirimir conflitos em matéria comercial e, finalmente, examina o conceito de anulação ou prejuízo dos benefícios derivados dos diversos acordos comerciais celebrados entre as partes, introduzido pelo artigo XXIII do GATT, como o fundamento para as reclamações das partes contratantes.

Abstract

This dissertation deals with the evolution of international commerce regulations, since the 1947 GATT, which during nearly half a century was the instrument to coordinate and supervise the rules of international commerce; until the creation of WTO, in 1994. It also examines the WTO Constitutive Agreement, which rules over commercial relations between Members and the application, administration and workings of commercial agreements. The dissertation goes further to analyse the procedures followed to solve commercial conflicts and, further still, to examine the concept of nullification and impairment of benefits, derived from the several commercial agreements celebrated between the parts, a concept introduced in article XXIII of GATT, as the foundation for claims of the contracting parts.

Prefácio

Prefaciar um livro é sempre uma tarefa difícil. A começar pelo convite, que, por si, já revela um tal grau de confiança que chega a comprometer o autor. A dificuldade se manifesta tão logo, quando, após a leitura do trabalho, o prefaciador observa a estreita margem deixada para as observações e os comentários que tenciona acrescentar à obra. Terminada a leitura, e isto é pior, ele confirma o que imaginava. Pouco, mesmo, lhe restou a dizer sobre o assunto.

Não foi exatamente o que aconteceu com este livro de Regina Maria de Souza Pereira. Pelo fato de conhecer previamente o texto, dada a honra e a satisfação que tive de orientar sua dissertação, com a qual, aprovada com distinção, consagrou-se mestre pela Universidade do Estado do Rio de Janeiro (UERJ), devo admitir que O *Conceito de Anulação ou Prejuízo de Benefícios no Contexto da Evolução do GATT à OMC* empresta grande contribuição aos raros estudos disponíveis sobre os mecanismos de solução de controvérsias em vigor no âmbito da Organização Mundial de Comércio.

O objetivo do presente trabalho, inspirado nos termos do art. XXIII, do GATT, é mostrar que o fiel cumprimento das normas contidas nos acordos firmados, sobretudo, após a conclusão da Rodada Uruguai de Negociações, concluída em 1994, não é suficiente para assegurar a liberdade de comércio, a melhoria do nível de satisfação e bem-estar dos povos e o incremento da renda familiar, objetivos do acordo multilateral desde os primeiros encontros de representantes dos 23 Estados, que se consubstanciaram na Carta de Havana, lá pelos idos de 1947.

Pouquíssimos autores, porém, se dispuseram a estudar, com vistas a elucidá-los, os mecanismos de consulta sobre a aplicação do Acordo Geral, consagrados no Entendimento sobre Solução de Controvérsias, da OMC, que dispõe sobre as formalidades do processo que busca solucionar as divergências surgidas das relações comerciais entre os Estados-Membros.

Reconhecem os países que o objetivo de livrar o comércio mundial das inúmeras barreiras, sejam tarifárias ou não-tarifárias, que se opõem à plena liberdade de comercialização de bens, impulsionada pela garantia da plena concorrência no mercado internacional, pode ser frustrada pela anulação ou pelo prejuízo de benefícios concedidos por algum acordo firmado no âmbito da OMC. Isto pode decorrer das características dos países, que os levam, por vezes, a considerar a necessidade de adaptar cada um dos acordos às suas conveniências e peculiaridades.

Em vista disto, não se pode afirmar que a anulação, ou o prejuízo de benefícios, seja conseqüência da aplicação indevida dos termos e institutos compreendidos no ordenamento jurídico da OMC. Pelo contrário, só se entende anulação ou prejuízo nos casos em que a interpretação do dispositivo contido em algum acordo condiz com a razoabilidade do contexto em que se insere o conceito. Fora desse campo, o que se tem é fraude ou má-fé.

Preliminarmente, vale dizer que o cumprimento dos acordos visa garantir o equilíbrio do sistema multilateral de comércio. A anulação ou o prejuízo de benefício, advindo do estrito cumprimento do acordo, afasta a estabilidade desejada nas relações comerciais em todo o mundo. Em contrapartida, as medidas de correção dos eventuais desvios restabelece a igualdade entre as partes relacionadas. O objetivo dos mecanismos de correção consistem, pois, em apontar a incongruência da aplicação incondicional do acordo e redirecionar seus objetivos no sentido do funcionamento harmonioso de todo o sistema.

A parte que constatar a anulação ou o prejuízo de uma vantagem assegurada por um acordo ou, ainda, o comprometimento dos objetivos do acordo em face de qualquer medida que afete seus interesses comerciais e econômicos, mesmo em face do correto cumprimento desse acordo, poderá representar ou propor reclamação, por escrito, à outra ou às outras partes contratantes, que, no seu entender, sejam responsáveis pelos danos que tiver de suportar.

Nestes casos, não cabe à parte reclamada refutar as alegações sem proceder a um exame sobre as reais conseqüências de sua atuação. Antes, compete-lhe examinar criticamente a representação ou a proposta de mudança de comportamento, como demonstração de boa vontade e conformação aos objetivos maiores do acordo de livre comércio.

Caso a parte reclamada não considere a representação contra a anulação ou o comprometimento de cláusula acordada pelos Estados-Membros, cabe à parte reclamante recorrer às chamadas PARTES CONTRATANTES para as devidas considerações e medidas cabíveis, segundo as normas do ordenamento jurídico multilateral.

O GATT não se restringe a, simplesmente, combater possíveis desvios no seu cumprimento, mas, também, garantir as vantagens e os benefícios previstos sem a pressuposição de que esses desvios consistam, necessariamente, em violação dos dispositivos do acordo. O art. XXIII, 1, alínea b, do acordo maior, bem como os que dele derivaram, visam, assim, assegurar o fiel cumprimento de tudo o que nele se contém.

O GATT, como se vê, contém mecanismos de coerção e de eficiente correção de possíveis desvios, os quais, se bem utilizados, vão concorrer para maior segurança nas transações internacionais com mercadorias.

Lembra a autora que o mecanismo acima apontado tem origem nos acordos firmados, nas décadas de 30 e 40, entre os Estados Unidos da América e países da Europa e das Américas do Sul e Central, que "propiciavam à parte que se considerasse afetada por algum ato que causasse a anulação ou o prejuízo de benefícios a ela assegurados o direito de requerer, à parte responsável por este, a realização de consultas, mesmo se não houvesse infração a qualquer norma do acordo."

Seguiram-se aos Estados Unidos os países europeus, cujos tratados assinados com outras nações encerravam normas que permitiam reclamações baseadas em eliminação ou prejuízo de benefícios concedidos. Alguns fatores levaram os países a adotar esse tipo de cautela, como, por exemplo, a acentuada queda nos preços das *comodities* no mercado mundial, causa principal da profunda recessão enfrentada na ocasião por todas as nações do mundo.

A estas medidas sucederam-se outras, no seio das diversas reuniões que se seguiram a Bretton Wood, pelas quais os signatários do GATT estabeleceram o processo de solução de controvérsias a ser adotado quando um membro entender que qualquer benefício, concedido direta ou indiretamente, implícita ou explicitamente, de qualquer das cláusulas da Carta, excetuados os casos admitidos pela cláusula de nação mais favorecida, possa ser anulado ou restringido em decorrência da violação de uma obrigação prevista no contexto geral do acordo, ainda que a medida não conflite com qualquer dos dispositivos expressos no citado documento.

Segundo a Carta, as partes que se sentissem prejudicadas poderiam pleitear a devida compensação, bem como a eliminação das concessões. Assinale-se que, até a criação da OMC, essas compensações, decorrentes de situações não expressamente proibidas, mas que se revelavam inconsistentes com os objetivos acordados, foram largamente utilizadas, razão pela qual o texto do Acordo sobre Solução de Controvérsias as reproduziu.

A inserção de cláusulas inibindo a anulação ou o prejuízo de benefícios reflete a preocupação das partes contratantes com as hipóteses de comprometimento dos anseios de livre concorrência no mercado internacional. A previsão dessas situações, por sua vez, evita a imposição de represálias e retaliações, além de prevenir a possível imposição de subsídios e de outras práticas condenadas pelos acordos administrados pela OMC. Ressalvam-se, tão-só, os casos de crise econômica que justifiquem a adoção de medidas de exceção.

Esta, no entanto, não tem sido a regra, segundo Regina Maria de Souza Pereira. Com efeito, a quase totalidade das reclamações levadas ao Órgão de Solução de Controvérsias da OMC tem confirmado a ocorrência de práticas lesivas aos termos dos acordos. Em conseqüência, apenas uma pequena quantidade de reclamações convergem para a constatação de práticas admitidas pelo GATT.

Desde que as causas que deram origem às reclamações sejam consideradas graves, a ponto de justificar tal medida, a parte reclamante poderá ser autorizada a suspender a concessão ou o benefício concedido com base no acordo.

Vale observar, porém, que a medida suspensiva da vantagem ou do benefício concedido com base na aplicação de algum acordo acarretará, por certo, a descrença no próprio compromisso firmado. Em face disso, recomenda-se a consulta prévia, a fim de que eventuais divergências sejam solucionadas de forma a preservar a integridade dos acordos e evitar as medidas retaliativas. Para alívio de todos, contudo, é válido afirmar que até o momento a suspensão de concessões não foi usada com o propósito de retaliação, mas sim de dar uma satisfação à parte lesada. Na verdade, trata-se de instrumento de política comercial destinado a recompor o equilíbrio de interesses entre as partes.

O tema, apesar de sua complexidade, mereceu da autora o tratamento adequado à elucidação das questões suscitadas no campo do comércio internacional. A autora não poupou esforços no sentido de dar ao assunto o cunho científico que lhe permitiram a pesquisa e a análise, requisitos indispensáveis a um trabalho acadêmico de alto nível. Seu objetivo, sem dúvida alguma, foi plenamente alcançado.

Regina Maria de Souza Pereira, com notáveis desprendimento e competência, ousou percorrer os intrincados caminhos da investigação acadêmica e, agora, nos traz este maravilhoso livro, que merece estar ao lado das mais importantes obras que compõem a biblioteca de todos aqueles que se dedicam ao estudo do apaixonante ramo do Direito do Comércio Internacional.

Rio de Janeiro, 1º de agosto de 2002

Adilson Rodrigues Pires

Professor Adjunto de Direito Financeiro da UERJ.
Professor do Curso de Mestrado em Direito Tributário da Universidade Estácio de Sá.

Sumário

1. Introdução 1

2. O Acordo Geral sobre Tarifas Aduaneiras e Comércio: a evolução de 1947 a 1994 5
2.1- O Acordo Geral no Cenário Mundial Pós-Guerra 5
2.2- GATT: Objetivos e Princípios 8
2.3- GATT: As Rodadas de Negociação 15

3. O Acordo Constitutivo da Organização Mundial do Comércio 23
3.1- Objetivos e Âmbito de Aplicação 23
3.2- As Funções da OMC 31
3.3- A Estrutura e a Competência da OMC 33
3.4- Os Membros da OMC 37
3.5- O Processo Decisório e Emendas ao Acordo da OMC ... 39
3.6- Restrições à Não-Aplicação dos Acordos Comerciais Multilaterais 43
3.7- Aceitação, Depósito e Retirada do Acordo da OMC 44
3.8- Outras Disposições 45

4. O Procedimento de Solução de Controvérsias do GATT 49
4.1- Características Gerais 49

4.2- Os Métodos Utilizados na Solução de Disputas
Internacionais e na Prática do GATT 51
4.3- A Evolução do Procedimento de Solução de
Controvérsias do GATT 1947 à OMC 56

5. O Entendimento Relativo às Normas e Procedimentos sobre Solução de Controvérsias da OMC 69
5.1- Características Gerais............................... 69
5.2- O Entendimento sobre Solução de Controvérsias (ESC)
da OMC: o texto legal 73
5.2.1- Âmbito, Aplicação e Administração 73
5.2.2- Disposições Gerais 75
5.2.3- As Consultas e o Método Diplomático de Composição
do Conflito.. 79
5.2.4- Os Grupos Especiais 81
5.2.5- O Procedimento do Grupo Especial e a Adoção de seus
Relatórios 85
5.2.6- Apelação.. 87
5.2.7- Supervisão e Aplicação das Recomendações e
Decisões 90
5.2.8- Compensação e Suspensão de Concessões 93
5.2.9- Arbitragem.. 95

6. O Conceito de Anulação e Prejuízo dos Benefícios..............99
6.1- O Procedimento sobre Solução de Controvérsias do ESC
e o Conceito de Anulação e Prejuízo dos Benefícios 99
6.2- A Proteção das Concessões e dos Benefícios: o Artigo
XXIII-1 do GATT 101
6.3- A Compensação e Suspensão de Concessões: o Artigo
XXIII-2 do GATT 110
6.4- As Reclamações Relativas à Violação das Obrigações
Assumidas em Virtude do Acordo Geral................. 117
6.5- As Reclamações de Não-Violação..................... 121
6.6- O Tratamento Dispensado às Reclamações por Outros
Acordos no Âmbito da OMC........................... 124
6.6.1- O Acordo Geral Sobre Comércio e Serviços 124

6.6.2- O Acordo Antidumping e o Acordo sobre Valoração
Aduaneira 126
6.6.3- O Acordo sobre Aspectos de Propriedade Intelectual . 127

7. O Equilíbrio das Relações Econômicas entre os Membros 131
7.1- O Equilíbrio das Relações Econômicas quanto às
Reclamações com Violação aos Acordos 131
7.2- O Uso do Equilíbrio nas Reclamações de Não-Violação . 134

8. O Princípio da Proteção às Legítimas Expectativas............137
8.1- O Princípio *Pacta Sunt Servanda* 142
8.2- Exceções ao Princípio *Pacta Sunt Servanda*........... 143
8.2.1- A Cláusula *Rebus Sic Standibus* 143
8.2.2- Frustração de Propósitos 147
8.2.3- Embargo Promissivo 148
8.2.4- Abuso de Direitos 150
8.3- As Decisões *Ex Aequo et Bono* 151

9. Conclusões 153

Bibliografia 159

1. Introdução

As relações comerciais internacionais têm-se intensificado e se multiplicado de maneira cada vez mais acentuada desde que, após a Segunda Guerra Mundial, iniciou-se a abertura do comércio internacional, através da redução das tarifas alfandegárias e da remoção de barreiras não tarifárias. Tal redução facilitou o acesso de produtos estrangeiros aos mercados domésticos, possibilitando o incremento das trocas entre os parceiros comerciais.

A liberalização comercial passou a alcançar um número cada vez mais expressivo de países, dando ao comércio internacional sua configuração multilateral e propulsionando o desenvolvimento econômico, condição considerada fundamental para atingir-se um maior bem-estar e uma paz mais duradoura.

Assim, em 1947, foi negociado o Acordo Geral sobre Tarifas Aduaneiras e Comércio (GATT), marco inicial desse processo de abertura comercial, visando à liberalização das trocas comerciais entre os países contratantes, por meio da negociação de tarifas e do estabelecimento de regras comerciais.

Os conflitos relativos a questões comerciais, que podem constituir-se em um sério risco ao desenvolvimento das relações comerciais e mesmo ameaçar a paz entre as nações, foram sendo dirimidos durante a vigência do GATT, acumulando-se uma considerável experiência nesta matéria.

Toda a estrutura legal constituída durante os anos em que o GATT esteve em vigor, envolvendo várias rodadas de negociações e tendo como conseqüência o estabelecimento de vários acordos comerciais, foi absorvida e aperfeiçoada quando, em 1994, foi criada a Organização Mundial do Comércio, para ser a base institucional do sistema de comércio internacional.

Para solucionar divergências na área comercial, evitando o rompimento das relações comerciais, ou mesmo uma eventual solução de natureza militar, um procedimento formalizado de solução de controvérsias fornece a base estrutural para que as partes dirijam suas reclamações a um grupo especial encarregado de examiná-las e propor medidas destinadas a superar suas discordâncias. O procedimento é também um instrumento para restabelecer a situação derivada de negociações entre as partes e permitir a continuidade das relações comerciais entre os Membros da OMC.

Este trabalho pretende, primeiramente, abordar a evolução da regulamentação do comércio internacional desde o Acordo Geral sobre Tarifas Aduaneiras e Comércio de 1947 que, durante quase meio século, foi o instrumento utilizado na prática com o fim de coordenar e supervisionar as regras do comércio internacional, até a criação da Organização Mundial do Comércio, em 1994.

Em seguida, pretende fazer um exame do Acordo Constitutivo da Organização Mundial do Comércio, que tem por objetivo a condução das relações comerciais entre os Membros e a aplicação, administração e funcionamento dos acordos relativos ao comércio.

Pretende também fazer uma análise do procedimento utilizado para dirimir conflitos em matéria comercial e, finalmente, examinar o conceito de anulação ou prejuízo dos benefícios derivados dos diversos acordos comerciais celebrados entre as partes, introduzido pelo artigo XXIII do Acordo Geral sobre Tarifas Aduaneiras e Comércio, como o fundamento para as reclamações das partes contratantes.

2. O acordo geral sobre tarifas aduaneiras e comércio: a evolução de 1947 a 1994

2.1. O Acordo Geral no Cenário Mundial Pós-Guerra

O século XX presenciou a deflagração de dois grandes conflitos envolvendo vários países. Tais conflitos mostraram um devastador poder de destruição, mas deixaram como lição a necessidade de se promover a convivência pacífica entre as nações. As bases para uma paz mais duradoura, visando a um maior desenvolvimento e melhora das condições de vida para todos os povos, foram estabelecidas através do estreitamento das relações entre as várias regiões do mundo, inclusive das relações comerciais.

Após a Segunda Guerra Mundial, o Conselho Econômico e Social da Organização das Nações Unidas, levando em consideração proposta dos Estados Unidos, convocou uma Conferência Internacional sobre Comércio e

Emprego, que se realizou entre 21 de novembro de 1947 e 24 de março de 1948, na cidade de Havana, em Cuba. Dessa conferência resultou a Carta de Havana, cujo principal objetivo era a criação da Organização Internacional do Comércio, OIC.[1]

A Carta de Havana continha, entre outras, normas sobre barreiras não-tarifárias, discriminação, subsídios, monopólios e cartéis, produtos primários e mercado de trabalho com pleno emprego[2].

A Organização Internacional do Comércio destinava-se a constituir um dos três pilares estabelecidos pelo acordo firmado anteriormente, em 1944, em Bretton Woods, EUA. Este acordo tinha como finalidade a reconstrução e o fortalecimento da economia mundial. Os outros dois eram: o Fundo Monetário Internacional, FMI, para socorrer os países com problemas no balanço de pagamentos e manter a estabilidade cambial; e o Banco Mundial, para financiar a reconstrução dos países cujas economias haviam sido arrasadas pela Segunda Guerra Mundial.[3]

Ao contrário das outras duas instituições, a Organização Internacional do Comércio, que deveria regulamentar as atividades de comércio exterior, não chegou a ser

---

1. Cf. FRATALOCCHI, Aldo e ZUNINO, Gustavo. *El comercio internacional de mercaderías*. Buenos Aires: Osmar D. Buyantti, Libreria Editorial, 1997, p. 26.
2. Cf. ROQUE, Sebastião José. *Direito internacional público*. São Paulo: Hemus, 1997, p. 137.
3. Cf. THORSTENSEN, Vera. *OMC, Organização Mundial do Comércio: as regras do comércio internacional e a Rodada do Milênio*. São Paulo: Aduaneiras, 1999, p. 29.

implementada. O presidente Truman, ante o posicionamento adverso da maioria dos deputados que temiam restrições à economia americana no comércio internacional, decidiu-se pela retirada da Carta de Havana do Congresso e, dessa forma, os Estados Unidos não a ratificaram, apesar de terem promovido a realização da conferência.[4]

Nesse contexto, foi negociado o Acordo Geral sobre Tarifas Aduaneiras e Comércio (GATT), implementado através do Protocolo de Aplicação Provisória de 1947. Assinado em 30 de outubro de 1947 por 23 países para entrar em vigor em 1º de janeiro de 1948, o Acordo Geral, em seu art. XXIX, parágrafos 1, 2 e 3, prevê a sua aplicação até a entrada em vigor da Carta de Havana ou, na hipótese de isso não se verificar, estipula um prazo máximo de aplicação até 30 de setembro de 1949 e a obrigação de as Partes Contratantes se reunirem antes de 31 de dezembro do mesmo ano, com o fim de decidir sobre sua manutenção, modificação ou complementação. Foi o que ocorreu em 10 de outubro de 1949, quando as Partes Contratantes subscreveram o Protocolo de Annecy, que confere maior estabilidade ao Acordo Geral.[5]

A natureza jurídica do GATT foi bastante discutida, pelo fato de o Acordo Geral ter sido firmado para ser futuramente incorporado à Organização Internacional do Comércio, jamais implementada. Para alguns autores,

---

4. FRATALOCCHI, Aldo e ZUNINO, Gustavo. *El Comércio Internacional de Mercaderías*. Buenos Aires: Osmar D. Buyantti, Libreria Editorial 1997, p. 26.
5. Ibid., p. 26

o GATT não é uma organização internacional típica, mas um instrumento utilizado, em princípio, para negociações de caráter bilateral. Esse sistema de negociações assumiu uma feição multilateral em virtude da cláusula da nação mais favorecida, norma básica do Acordo. Para outros doutrinadores, trata-se de uma verdadeira organização internacional, mas, tendo em vista os artigos 57 e 63 da Carta da Nações Unidas, não constitui uma agência especializada da ONU[6].

2.2. GATT: Objetivos e Princípios

Os objetivos do Acordo Geral sobre Tarifas Aduaneiras e Comércio, declarados em seu preâmbulo, consistem na expansão e na liberalização das relações comerciais e econômicas, com o incremento da produção e o favorecimento do intercâmbio dos produtos, através da redução das tarifas aduaneiras e demais barreiras comerciais e da eliminação do tratamento discriminatório no comércio internacional.

O Acordo Geral sobre Tarifas Aduaneiras e Comércio estruturou-se com base nos seguintes princípios: a cláusula da nação mais favorecida, a eliminação das restrições ao comércio, a não-discriminação, a redução gradual e progressiva das tarifas e a segurança jurídica.

A cláusula da nação mais favorecida está expressa no art. I do Acordo:

---
6. Cf. LAVIÑA, Félix. *Organización del comercio internacional.* Buenos Aires: Depalma, 1993, p. 90.

Qualquer vantagem, favor, privilégio ou imunidade concedida por uma parte contratante a um produto originado de outro país ou a ele destinado será, imediata e incondicionalmente, extensiva a todos os produtos similares originários dos territórios de qualquer outra parte contratante ou a eles destinados.

Esse princípio, de aplicação imediata e incondicional, tem como conseqüência a extensão automática a terceiros países de concessões tarifárias ou quaisquer outros benefícios negociados entre as partes contratantes, conferindo às negociações o caráter multilateral e, portanto, contribuindo de maneira fundamental para a liberalização comercial.

A eliminação das restrições quantitativas é objeto do art. XI, 1, permitindo apenas a imposição de direitos aduaneiros e proibindo quaisquer outras restrições:

Nenhuma parte contratante instituirá ou manterá na importação de um produto originário do território de outra parte contratante, ou na exportação ou venda para a exportação de um produto destinado ao território de outra parte contratante, quaisquer proibições ou restrições que não sejam direitos aduaneiros, impostos ou outras imposições, quer sua aplicação seja feita por meio de contingentes, licenças de importação ou exportação, quer por qualquer outro processo.

O princípio da não-discriminação, basicamente, determina a igualdade de tratamento entre produtos nacionais e importados, eliminando o protecionismo da indústria doméstica e sua conseqüente dependência da prática de tarifas menores que as praticadas na importação de produtos estrangeiros. Ao assegurar aos produtos importados o mesmo tratamento, incluindo-se qualquer dispositivo que afete o comércio, outorgado aos produtos domésticos, o princípio da não-discriminação iguala as condições de concorrência entre produtos nacionais e estrangeiros, ampliando e fortalecendo gradualmente o sistema multilateral de comércio. Este princípio se encontra regulamentado no art. III, 1, 2 e 4 do Acordo Geral:

> As partes contratantes reconhecem que os impostos e outras imposições internas, bem como leis, regulamentos e prescrições afetando a venda, colocação à venda, a compra, o transporte, a distribuição ou a utilização de produtos no mercado interno (...) não deverão ser aplicados aos produtos importados ou nacionais de maneira a proteger a produção nacional. Os produtos do território de qualquer parte contratante, importados no território de qualquer outra parte contratante, não estarão sujeitos, direta ou indiretamente, a impostos ou outras imposições internas, qualquer que seja sua espécie, superiores aos aplicados, direta ou indiretamente, aos produtos nacionais similares...
> Os produtos do território de qualquer parte contratante, importados no território de qualquer outra parte contratante, estarão sujeitos a um tratamento não menos favorável que o concedido aos produtos similares de origem nacional, no que se refere a todas as leis, regulamentos ou prescrições que afetem a sua

venda, colocação à venda, compra, transporte, distribuição ou utilização no mercado interno...

A redução geral e progressiva das tarifas é objetivo importante do Acordo, como expresso no art. XXVIII, que dispõe sobre a modificação das listas de concessões tarifárias negociadas entre as partes contratantes no intuito de se alcançar a redução gradual destes direitos, com vistas à maior liberalização comercial.

A segurança jurídica ou o princípio da transparência decorre da obrigação de publicar todas as leis, regras, regulamentos e decisões judiciais de aplicação geral no comércio para que os governos e operadores do comércio exterior deles tomem conhecimento. O dispositivo proíbe a vigência de qualquer medida que implique em aumentar o direito aduaneiro ou agravar qualquer condição decorrente de práticas uniformes já estabelecidas, antes de sua publicação oficial. Também institui a obrigatoriedade de manter tribunais judiciais e arbitrais para revisar e aplicar prontamente as medidas administrativas relacionadas às questões aduaneiras, como se lê no art. X, 1, 2, 3.

No próprio Acordo, estes princípios sofrem algumas restrições. O princípio da nação mais favorecida é excepcionado no art. XXIV, 4, onde o Acordo Geral permite acordos regionais para promover a integração da economia de seus membros, e o art. XXIV, 5 condiciona essa permissão ao não-agravamento das restrições e ônus das outras partes contratantes que não integrem os referidos acordos.

A segunda exceção ao mesmo princípio diz respeito ao tratamento diferenciado e mais favorável dispensado aos países em desenvolvimento, acordado em 1979 nas negociações da Rodada Tóquio, sob a denominação de cláusula de habilitação.[7]

A terceira exceção, estabelecida no art. XXV, 5, é constituída pela derrogação de uma obrigação contraída por um membro em virtude do Acordo Geral, em circunstâncias especiais, desde que, submetidas às partes contratantes, estas tenham decidido favoravelmente por uma maioria de dois terços dos votos e que esta maioria constitua também mais da metade do total das partes contratantes. Esta derrogação, conhecida como *waiver*, passou a ter requisitos mais rigorosos com o aumento para três quartos do número de votos necessários para a sua concessão pela Organização Mundial do Comércio, conforme determina o art. IX, 3 do Acordo Constitutivo dessa Organização. O art. IX, 4 do mesmo Acordo determina que a concessão do *waiver* será revista anualmente, com vistas a verificar a permanência das circunstâncias excepcionais que o justificaram e se as condições para a concessão foram cumpridas.

Há exceções temporárias na aplicação do princípio de eliminação das restrições quantitativas, em casos de grave escassez de produtos alimentares ou outros produtos essenciais ao país exportador, como fica estipulado no art. XI, 2 (a). O princípio de eliminação das restrições quantitativas também não se aplica às proibições ou restrições à importação ou à exportação para assegurar a aplicação de normas sobre classificação, controle da qualidade ou colocação à venda de produtos destinados ao

---

[7]. Cf. FRATALOCCHI, Aldo e ZUNINO, Gustavo. *Op. cit.*, p. 32.

comércio internacional, segundo reza o art. XI, 2 (b). No mesmo sentido, o art. XII do Acordo Geral permite às partes contratantes a adoção de restrições destinadas a proteger o equilíbrio do balanço de pagamentos, e o art. XVIII, Seção B permite às partes contratantes, "cuja economia se encontre nos primeiros estágios de seu desenvolvimento", aplicar restrições visando à proteção do equilíbrio de seu balanço de pagamentos. A seção C do mesmo artigo permite também a esses países o fornecimento de auxílio governamental à produção, mesmo incompatível com o Acordo, se necessário, para aumentar o nível geral de vida da população.

Outra exceção se verifica no art. XIX do GATT com relação à imposição de restrições quantitativas, quando um produto é importado com acréscimo na quantidade e em condições que "causem ou ameacem causar prejuízo grave aos produtores nacionais de produtos similares..."

Há, também, entre outras, exceções visando à proteção da moral pública, à saúde das pessoas e dos animais, bem como à preservação dos vegetais, dos recursos naturais esgotáveis, do patrimônio artístico, histórico ou arqueológico, para corrigir problemas gerais ou locais de escassez, conforme o art. XX, além de exceções concernentes à segurança, como dispõe o art. XXI.

Em circunstâncias especiais, o princípio da não-discriminação é passível de exceções, detalhadas no art. XIV, nos art. VI e XVI, relativos às normas anti-subsídio e *antidumping*; nos art. XI, XII, XVII, XVIII B, XX, XXI e XXV, relativos a salvaguardas; nas derrogações das obrigações (*waivers*), consoante o art. XXV, 5; e na autorização do Órgão de Solução de Controvérsias para a aplicação de retaliações, segundo prescreve o art. XXIII.

A Parte IV do GATT, sobre comércio e desenvolvimento, foi adotada em 26 de novembro de 1964, autenticada pela Ata Final, a 8 de fevereiro de 1965, entrando em vigor em 1966.

O acréscimo da Parte IV se deveu à influência da UNCTAD (United Nations Conference on Trade and Development), que se reuniu entre março e junho de 1964 e, conforme lembra Celso Mello, foi considerada a primeira vitória dos países em desenvolvimento no plano jurídico.[8]

Na Parte IV, de conteúdo programático, é maior o comprometimento das partes contratantes com o comércio das nações em desenvolvimento, com base em regras de comércio internacional mais compatíveis, como meio de promover o desenvolvimento econômico e a melhoria do nível de vida das suas populações. Reconhecendo o papel chave desempenhado pelas exportações, as partes contratantes estabelecem várias disposições objetivando o incremento das receitas oriundas das exportações desses países e a prática de preços mais razoáveis nas importações essenciais.

O princípio da não-reciprocidade nas relações comerciais entre países em desenvolvimento está enunciado no parágrafo 8 do art. XXXVI da Parte IV:

As partes contratantes desenvolvidas não esperam reciprocidade pelos compromissos tomados por elas

---

[8]. Cf. MELLO, Celso Duvivier de Albuquerque. Perspectivas do direito internacional econômico. *In* CASELLA, Paulo Borba e MERCADANTE, Araminta de Azevedo. *Guerra comercial ou integração pelo comércio?* São Paulo: Editora Letras, 1998, p. 84.

nas negociações comerciais quanto à redução ou remoção de direitos aduaneiros e de outros obstáculos ao comércio das partes contratantes menos desenvolvidas.

O Sistema Geral de Preferências, incorporado ao GATT por influência da UNCTAD, com o propósito de estimular a exportação dos países subdesenvolvidos, propicia a esses países um tratamento preferencial, permitindo que o estado importador dispense a reciprocidade na concessão de isenção de impostos de importação. O sistema foi utilizado pela Comunidade Européia em relação a países da África, Caribe e Pacífico[9].

2.3. Gatt: As Rodadas de Negociação

O Acordo Geral sobre Tarifas Aduaneiras e Comércio, no vazio deixado pela não-implementação da Organização Internacional do Comércio, tornou-se não apenas um sistema de regras de comércio internacional, mas também um foro de negociações multilaterais de comércio, fortalecendo-se, na prática, através do exame das mais variadas questões comerciais e incorporando atributos próprios de uma verdadeira organização internacional.

Nesse contexto, durante a vigência do GATT de 1947, foram realizadas oito rodadas de negociações, a saber: Rodadas de 1947 (Genebra, Suíça), 1949 (Anne-

---

9. Ibidem, p.85.

cy, França), 1951 (Torquay, Inglaterra), 1956 (Genebra), 1960-1961 (Genebra — Rodada Dillon), 1964-1967 (Genebra — Rodada Kennedy), 1973-1979 (Rodada Tóquio) e 1986-1994 (Rodada Uruguai), destacando-se as duas últimas por sua maior abrangência.[10]

As primeiras rodadas tiveram como objetivo negociar a redução dos direitos aduaneiros e tarifários. Na sétima rodada, a Rodada Tóquio, negociou-se a redução de barreiras técnicas (não-tarifárias) ao comércio, destinadas a proteger a indústria nacional, como também os temas relativos a subsídios, medidas *antidumping*, valoração aduaneira, licenças de importação, compras governamentais, comércio de aeronaves, acordo sobre carne bovina e acordo sobre produtos lácteos. No entanto, os acordos negociados só eram obrigatórios para os seus signatários[11].

O sistema do GATT, após a Rodada Tóquio, começou a perder credibilidade por vários motivos. O ordenamento do GATT, segundo levantamento feito pelo Secretariado, era integrado por mais de duzentos instrumentos jurídicos. Os resultados das rodadas eram aceitos pelos países de forma seletiva, *a la carte*. O fato de cada acordo possuir seus próprios mecanismos de solução de controvérsias ensejava o recurso a um *forum shopping*. Os países em desenvolvimento perderam participação no comércio exterior e se viram cada vez mais endi-

---

10. Cf. RANGEL, Vicente Marotta. Maraqueche e os dois GATT: breve apresentação. *In* CASELLA, Paulo Borba e MERCADANTE, Araminta de Azevedo. *Op. cit.*, p. 126.
11. Cf. THORSTENSEN, Vera. *Op. cit.*, p. 30-31.

vidados[12]. Finalmente, o GATT se limitava ao comércio de bens, deixando de fora o comércio de serviços, a propriedade intelectual e a área de investimentos. Mesmo com relação ao comércio de bens, seu alcance restringia-se a duas exceções: a primeira se referia aos têxteis, cujo comércio era objeto do acordo multifibras. A outra exceção era a agricultura, já que a União Européia, em razão de sua política agrícola comum, obteve um *waiver* quanto às suas obrigações nessa área. Esta política, de caráter protecionista, também foi seguida pelos Estados Unidos, que obtiveram, na prática, uma isenção[13].

Por tudo isso, as Partes Contratantes, ante a necessidade de reforçar o sistema do GATT, dotando-o de maior credibilidade, decidiram criar um comitê preparatório de uma conferência das Nações Unidas sobre comércio e emprego em novembro de 1985, com o fim de preparar a celebração de uma nova rodada de negociações comerciais multilaterais e, em 20 de setembro de 1986, no Uruguai, foi aprovada a Declaração de Punta Del Este, que estabeleceu um comitê, cujas negociações deveriam perdurar por quatro anos, até 1990[14].

A declaração de Punta Del Este se propôs aperfeiçoar e desenvolver o sistema multilateral de comércio, estabelecendo como objetivo

---

12. Cf. RANGEL,Vicente Marotta. *Loc. cit.* p. 131.
13. Cf. LAMPREIA, Luiz Felipe. A Organização Mundial do Comércio e o Brasil. *In* GOYOS Jr., Durval de Noronha (coord.). *Direito do comércio internacional.* São Paulo: Observador Legal, 1997, p. 13.
14. Cf. MORA, Miquel Montaña. *La OMC y el reforzamiento del Sistema GATT,* Madrid: McGraw-Hill, 1997, p. 5.

potencializar a função do GATT, melhorar o sistema multilateral de comércio baseado nos princípios e normas do GATT e submeter uma proporção maior do comércio mundial a disciplinas multilaterais, convenientes, eficazes e exigíveis[15].

Os objetivos a serem atingidos estão enumerados na seção E, conforme reproduzido a seguir:

as negociações terão por finalidade elaborar entendimentos e disposições destinados a:
• potencializar a vigilância do GATT para permitir um controle regular das políticas e práticas comerciais das Partes Contratantes e seu efeito no funcionamento do sistema multilateral do comércio;
• melhorar a eficácia geral e o processo de adoção das decisões do GATT, como instituição, através, entre outros meios, da participação dos Ministros;
• acrescentar a contribuição do GATT à obtenção de uma maior coerência na formulação da política econômica em escala mundial, fortalecendo sua relação com outras organizações internacionais competentes em questões monetárias e financeiras.[16]

Para a consecução dos objetivos perseguidos na Declaração de Punta Del Este e para ampliar o sistema do GATT 1947, o Acordo Geral foi desdobrado em dois acordos: o Acordo Geral sobre Tarifas Aduaneiras e Comércio de 1994 e o Acordo que cria a Organização Mun-

---
15. Ibidem, p. 5.
16. Ibid., p. 7.

dial do Comércio. O Acordo Geral sobre Tarifas Aduaneiras e Comércio está inserido no Anexo 1A do Acordo Constitutivo da OMC, que no seu art. II, 4 determina:

> o Acordo Geral sobre Tarifas Aduaneiras e Comércio de 1994, conforme se estipula no Anexo 1A (denominado a seguir GATT 1994) é juridicamente distinto do Acordo Geral sobre Tarifas Aduaneiras e Comércio com data de 30 de outubro de 1947, anexo à Ata Final adotada por ocasião do encerramento do segundo período de sessões da Comissão Preparatória das Nações Unidas sobre Comércio e Emprego, posteriormente retificado, emendado ou modificado (denominado a seguir GATT 1947).

Por este dispositivo fica, portanto, feita a distinção jurídica entre o GATT 1947 e o GATT 1994. O primeiro se constituiu, durante a longa prática desenvolvida por 47 anos de negociações, em uma instituição de fato destinada a regular as relações comerciais internacionais e a dirimir controvérsias versando sobre comércio internacional. O GATT 1994 (Anexo 1A), considerado parte integrante do Acordo da OMC e, portanto, obrigatório para todos os seus Membros, segundo estipula o art. II, 2, é constituído:

> a) das disposições do Acordo Geral de Tarifas Aduaneiras e Comércio de 1947, anexado à Ata Final, retificado, emendado ou modificado pelos instrumentos legais que tenham entrado em vigor antes da data de entrada em vigor do Acordo Constitutivo da OMC;

b) das disposições dos instrumentos legais em vigor antes da data de entrada em vigor do Acordo Constitutivo da OMC, tais como:
- protocolos e certificados relativos a concessões tarifárias;
- protocolos de adesão;
- decisões sobre derrogações (*waivers*) concedidas de acordo com o art. XXVIII do GATT 1947 e ainda em vigor na data da entrada em vigor do Acordo Constitutivo da OMC;
- outras decisões das Partes Contratantes do GATT 1947.

c) dos Entendimentos destinados a explicar e interpretar os arts. II, 1 (b), XVII, XXIV, XXVIII, do Acordo Geral sobre Tarifas Aduaneiras e Comércio de 1994, do Entendimento sobre Balanços de Pagamentos do Acordo Geral e do Entendimento a Respeito de Derrogações de Obrigações sobre o Acordo Geral sobre Tarifas Aduaneiras e Comércio de 1994;

d) o Protocolo de Marraqueche ao GATT 1994.

Outra diferença importante entre o GATT 1947 e o GATT 1994 consiste em que o GATT 1947, no seu Protocolo de Aplicação Provisória, continha uma cláusula que determinava que as regras sobre comércio contidas na Parte II do Acordo Geral (art. III ao art. XXIII) fossem aplicadas pelos países-membros desde que não confrontassem com as legislações em vigor nestes países. Esta cláusula, denominada "cláusula do avô"[17], permitia

---

[17] Cf. THORSTENSEN, Vera. *Op. cit.* p. 36 e MORA, Miquel Montaña. *Op. cit.*, p. 38.

que vários países aplicassem legislações específicas sobre determinados setores, sem considerar as regras multilaterais negociadas dentro do sistema do GATT. O GATT 1994 eliminou essa cláusula e tornou-se um instrumento de aplicação definitiva, expurgando o caráter provisório ao incorporar os dispositivos do GATT 1947[18]. O texto do GATT 1994, em suas três notas explicativas, esclarece também o conteúdo de alguns termos empregados no Acordo Geral 1947. Assim, "partes contratantes" passará a ter o sentido de Membros e a referência a Secretário Executivo será entendida como "Diretor Geral da OMC". A atuação conjunta das Partes Contratantes será atribuída à Conferência Ministerial. O texto do GATT em sua versão autêntica estará disponível em inglês, francês e espanhol.

---

18. Cf. Acordo Geral sobre Tarifas e Comércio 1994, Art. 1, alínea a.

3. O Acordo Constitutivo da Organização Mundial do Comércio

3.1. O Acordo Constitutivo: Objetivos e Âmbito de Aplicação

Assinado em 15 de abril de 1994, em Marraqueche, no Marrocos, o Acordo Constitutivo da Organização Mundial do Comércio (OMC) entrou em vigor em 1º de janeiro de 1995, conforme determinado pela Ata Final da Rodada Uruguai, concluída em 15 de dezembro de 1993.

A Organização Mundial do Comércio, com sede em Genebra, na Suíça, foi concebida como uma instituição internacional para promover e supervisionar o sistema multilateral de comércio entre as nações. Seu Acordo Constitutivo contém quatro anexos[19]: o Anexo 1A é

---

19. Cf. *Resultados da Rodada Uruguai do GATT*. Decreto nº 1.355 de 30/12/94, D.O.U. de 31/12/94, São Paulo: Aduaneiras,1995, p. 3-4.

constituído pelos Acordos Multilaterais sobre o Comércio de Bens, enumerados abaixo:

I — Acordo Geral sobre Tarifas Aduaneiras e Comércio de 1994 (GATT de 1994);

II — Acordo sobre Agricultura;

III — Acordo sobre a Aplicação de Medidas Sanitárias e Fitossanitárias;

IV — Acordo sobre Têxteis e Vestuário;

V — Acordo sobre Barreiras Técnicas ao Comércio;

VI — Acordo sobre Medidas de Investimento relacionadas ao Comércio;

VII — Acordo sobre a Implementação do Artigo VI do Acordo Geral sobre Tarifas e Comércio 1994;

VIII — Acordo sobre a Implementação do Artigo VII do Acordo Geral sobre Tarifas e Comércio 1994;

IX — Acordo sobre Inspeção Pré-Embarque;

X — Acordo sobre Regras de Origem;

XI — Acordo sobre Procedimentos para o Licenciamento de Importações;

XII — Acordo sobre Subsídios e Medidas Compensatórias;

XIII — Acordo sobre Salvaguardas.

O Anexo 1B contém o Acordo Geral sobre o Comércio de Serviços (GATS).

O Anexo 1C refere-se ao Acordo sobre Aspectos dos Direitos de Propriedade Intelectual relacionados ao Comércio.

O Anexo 2 diz respeito ao Entendimento Relativo às Normas e Procedimentos sobre Solução de Controvérsias.

O Anexo 3 trata do Mecanismo de Exame de Políticas Comerciais.

O Anexo 4 é dedicado aos Acordos Comerciais Plurilaterais enumerados a seguir:
I — Acordo sobre o Comércio de Aeronaves Civis;
II — Acordo sobre Compras Governamentais;
III — Acordo Internacional sobre Produtos Lácteos;
IV — Acordo Internacional sobre Carne Bovina.

No Brasil, os resultados da Ata final da Rodada Uruguai de Negociações Comerciais Multilaterais do GATT foram incorporados ao ordenamento jurídico pelo decreto legislativo n° 30 de 15 de dezembro de 1994, promulgado pelo decreto n° 1.355 de 30 de dezembro de 1994, publicado no Diário Oficial em 31 de dezembro de 1994.

É importante esclarecer que a principal diferença entre a Organização Mundial do Comércio e o Acordo Geral sobre Tarifas Aduaneiras e Comércio de 1947 se deve ao fato de este ter sido concebido para ter natureza provisória, além de se constituir em uma instituição de fato, desempenhando papel *ad hoc*, que perdurou por 47 anos, na supervisão da aplicação das regras relativas ao comércio de bens acordadas pelas partes contratantes, durante as oito rodadas de negociação e como foro para a negociação, conciliação e solução de problemas relacionados ao comércio internacional. Ao contrário, no art. 1° do Acordo Constitutivo da OMC se estabelece uma nova organização de caráter institucional e com personalidade jurídica internacional, podendo, portanto, celebrar acordos internacionais[20].

---

20. Cf. FRATALOCCHI, Aldo e ZUNINO, Gustavo. *Op. cit.*, p. 41.

A Organização Mundial do Comércio, de caráter permanente, inclui, sob sua supervisão, além das regras sobre o comércio de bens, as normas relacionadas ao comércio de serviços e ao comércio de direitos da propriedade intelectual. O GATT de 1994, uma versão emendada, retificada ou modificada do GATT de 1947, como mencionado anteriormente, é parte integrante do Acordo da OMC que, dessa forma, incorporou todos os instrumentos legais vigentes anteriores a sua entrada em vigor, dando continuidade aos esforços realizados durante a longa prática do antigo sistema, agora unificado, sob a égide de uma organização internacional permanente de caráter institucional.

O preâmbulo do Acordo Constitutivo da Organização Mundial do Comércio contém uma série de objetivos genéricos, incorporados do preâmbulo do GATT, mas incluindo dentre outros o comércio de serviços[21].

Como primeiro objetivo, as Partes do Acordo estabelecem o compromisso da organização com "a elevação dos níveis de vida, o pleno emprego e um volume considerável e em constante elevação de receitas reais e demanda efetiva, o aumento da produção e do comércio de bens e de serviços ..."; e como segundo objetivo

> (...) permitindo ao mesmo tempo a utilização ótima de recursos mundiais em conformidade com o objetivo de um desenvolvimento sustentável e buscando

---

21. Cf. PRATES, Alcides G. R. Comentários sobre o Acordo Constitutivo da OMC. *In* CASELLA, Paulo Borba e MERCADANTE, Araminta de Azevedo. *Op. cit.*, p. 96; e MORA, Miquel Montaña. *Op. cit.*, p. 15.

proteger e preservar o meio ambiente e incrementar os meios para fazê-lo, de maneira compatível com suas respectivas necessidades e interesses segundo os diferentes níveis de desenvolvimento econômico.

Nesse dispositivo, o Acordo destaca a importância da preservação do meio ambiente através do desenvolvimento sustentável. A parte final do artigo, ressalvando que a preservação do meio ambiente se faça com a utilização de meios segundo os níveis de desenvolvimento, foi acertada após resistência manifestada pelos países em desenvolvimento, que temiam a possibilidade de os países desenvolvidos incluírem determinações que, a pretexto de proteger o meio ambiente, restringissem o comércio, o que não ocorreu justamente devido a essa mesma resistência[22].

Outro objetivo, ressaltado no segundo parágrafo do preâmbulo, diz respeito à necessidade de "realizar esforços positivos para que os países em desenvolvimento, especialmente os de menor desenvolvimento relativo, obtenham uma parte do incremento do comércio internacional que corresponda às necessidades de seu desenvolvimento econômico."

O terceiro parágrafo do preâmbulo do Acordo Constitutivo da OMC é uma reafirmação do princípio da não-discriminação nas relações comerciais que deverão ser fundadas na reciprocidade, tendo sido destacado do preâmbulo do GATT 1947:

---

[22]. Cf. PRATES, Alcides G. R. *Loc. cit.*, p. 96.

desejosas de contribuir para a consecução desses objetivos mediante a celebração de acordos destinados a obter, na base da reciprocidade e de vantagens mútuas, a redução substancial das tarifas aduaneiras e dos demais obstáculos ao comércio, assim como a eliminação do tratamento discriminatório nas relações comerciais internacionais.

No quarto parágrafo se especifica que o compromisso de "desenvolver um sistema multilateral de comércio integrado, mais viável e duradouro", será atingido a partir do Acordo Geral sobre Tarifas Aduaneiras e Comércio, no qual serão incluídos "os resultados de esforços anteriores de liberalização do comércio e os resultados integrais das Negociações Comerciais Multilaterais da Rodada Uruguai". Neste trecho, de natureza instrumental, destaca-se a unificação no novo sistema, não somente de todos os instrumentos legais, fruto dos esforços de liberalização do comércio sob a égide do GATT de 1947, como também os resultados incorporados pela Rodada Uruguai. O caráter integrado do novo sistema, em contraste com o antigo sistema denominado "GATT *à la carte*" é reforçado, inclusive, no art. XVI, 5 (outras disposições), que proíbe qualquer reserva ao Acordo da OMC.

Finalmente, as partes assumem o compromisso de "preservar os princípios fundamentais e a favorecer a consecução dos objetivos que informam este sistema multilateral de comércio". Estes princípios foram incorporados ao GATT de 1994.

Segundo Miquel Montaña Mora[23], o fato de haver

---

23. Cf. MORA, Miquel Montaña. *Op. cit.*, p.16.

coincidência dos objetivos enunciados no preâmbulo com aqueles constantes do GATT de 1947 sugere que se procurou dotar a OMC de mero suporte institucional do sistema GATT, mas que, a exemplo do último, evoluiu-se para incorporar progressivamente objetivos mais ambiciosos.

O art. I do Acordo Constitutivo da OMC institui a Organização Mundial do Comércio.

O art. II reforça a estrutura institucional da OMC, que deve ser respeitada por todos os membros para todas as questões que integram os Anexos ao Acordo. Delimita também, nos Anexos do Acordo, o campo de atuação destes, incluindo os Acordos Comerciais Multilaterais, Anexos 1A, 1B, 1C, para o comércio de bens e serviços a eles correlatos; o Entendimento Relativo às Normas e Procedimentos sobre Solução de Controvérsias (ESC), Anexo 2; e o Mecanismo de Exame de Políticas Comerciais (TPRM), Anexo 3. Os Acordos Multilaterais (Anexos 1, 2, 3) são vinculantes para todos os Membros da OMC, como estipulado no parágrafo 2 do dispositivo. Dessa maneira, foi eliminado o caráter fragmentado do GATT, agravado principalmente após a Rodada Tóquio, que apresentava sistemas diferenciados, inclusive com soluções próprias de Controvérsias, como os Acordos relativos aos subsídios e medidas compensatórias, *antidumping*, barreiras técnicas, entre outros[24].

Os Acordos Comerciais Plurilaterais constantes do Anexo 4 também integram o Acordo da OMC, conforme determina o art. II, 3 e são obrigatórios somente para os Membros que o tenham aceitado: "Os Acordos Co-

---

[24]. Cf. PRATES, Alcides G. R. *Loc. cit.*, p.97

merciais Plurilaterais não criam obrigações nem direitos para os Membros que não os tenham aceitado". São os Acordos sobre o Comércio de Aeronaves Civis, o Acordo sobre Compras Governamentais, o Acordo Internacional de Produtos Lácteos e o Acordo Internacional de Carne Bovina.

Os Acordos Plurilaterais são exceções à regra destacada no preâmbulo, no sentido de "desenvolver um sistema multilateral de comércio integrado" e mostram alguma ambigüidade impossível de evitar, trazendo de certa forma uma fragmentação do sistema multilateral. No entanto, procurou-se corrigir essa anomalia com a inserção do art. X, 9, o qual exige que qualquer inclusão de um acordo neste anexo, a pedido das partes contratantes, deve ser decidido por consenso pela Conferência Ministerial, órgão máximo da Organização[25].

O Acordo Constitutivo da Organização Mundial do Comércio apresenta, portanto, dois regimes jurídicos distintos: o primeiro, relativo aos Acordos Multilaterais de Comércio, obrigatório para todos os Membros, sem exceção; o segundo, relativo aos Acordos Plurilaterais de Comércio, que somente obriga seus signatários[26].

Em caso de conflito entre as normas do GATT de 1994 e as disposições dos Acordos Multilaterais constantes do Anexo 1A ao Acordo Constitutivo da OMC, a nota explicativa sobre o Anexo 1A estabelece que prevalecerão estes últimos.

A distinção jurídica entre o GATT de 1994 e o GATT de 1947 é objeto do parágrafo 4 do art. 2.

---
25. Ibidem, p. 98 e MORA, Miquel Montaña. Op. cit.., p. 19.
26. MORA, Miquel Montaña. Op. cit., p. 19.

Como o GATT de 1994 integra o Acordo da OMC, a aceitação por parte de um Membro do Acordo Constitutivo implica, por força do art. XIV, 1, a aceitação do GATT de 1994.

3.2. As Funções da OMC

As funções da OMC foram atribuídas pelos seus Membros, considerando-se ter esta sido concebida como base institucional para a implantação dos Acordos Comerciais Multilaterais e Plurilaterais, como assim se expressa no art. III:

A OMC facilitará a aplicação, administração e funcionamento do presente Acordo e dos Acordos Comerciais Multilaterais e promoverá a consecução de seus objetivos, e constituirá também o quadro jurídico para a aplicação, administração e funcionamento dos Acordos Comerciais Plurilaterais.

A segunda parte do parágrafo 1 do art. III, porém, segundo alerta Alcides G. R. Prates[27], não informa como será a atuação da OMC como foro nas relações envolvendo países não-signatários. A OMC será o foro permanente de negociações entre seus Membros, em lugar do sistema de negociações *ad hoc*, através de rodadas, prática do antigo sistema do GATT.

---

27. Cf. PRATES, Alcides G. R. *Loc. cit. In* CASELLA, Paulo Borba e MERCADANTE, Araminta de Azevedo. *Op. cit.* .p. 98.

Essas negociações são necessárias para a criação de novas regras ou modificação das já existentes no campo das relações comerciais multilaterais, atendendo ao caráter evolutivo dessas relações e procurando dar ao sistema agilidade suficiente para a sua gestão. Deste modo, as normas dos Acordos anexos estarão submetidas a uma revisão permanente. Segundo o art. III, 2, a OMC também será a estrutura jurídica para a aplicação dos resultados dessas negociações, conforme decisão da Conferência Ministerial.

À OMC cabe a administração do Entendimento Relativo às Normas e Procedimentos sobre Solução de Controvérsias, segundo o art. III, 3. O Acordo reforça a competência da OMC para exercer uma função que já era exercida de fato, na prática anterior do Acordo Geral de 1947, com relação à aplicação e à interpretação das normas concernentes ao comércio internacional de bens, dotando a nova organização de larga experiência durante o longo período de funcionamento do antigo sistema, porém com autoridade reforçada e ampliada no sentido de incluir todos os demais acordos no âmbito da OMC.

A OMC administrará o Mecanismo de Exame de Políticas Comerciais (TPRM), conforme dispõe o art. III, 4. O TPRM foi estabelecido para, conforme a própria denominação, realizar a revisão sistemática e regular das políticas e práticas comerciais nacionais dos membros do GATT de 1947[28]. Sua finalidade é dotar de maior transparência e compreensão as políticas comerciais dos países-membros. Entretanto, o Mecanismo de Exame de Políticas Comerciais não se destina à "imposi-

---

28. Cf. WTO. *Trading into the Future*. Genebra, 1998, p. 13.

ção de novas obrigações de políticas sobre os Membros", nem a servir de fundamento "para o cumprimento de obrigações específicas em virtude dos Acordos ou para procedimentos de solução de controvérsias, conforme estabelecido no Acordo relativo ao TPRM, na cláusula A (i) (objetivos do Mecanismo de Exame de Políticas Comerciais). Possui, portanto, caráter consultivo.

Em sua parte final, o art. III determina a cooperação da OMC com o FMI e o Banco Internacional de Reconstrução e Desenvolvimento. Esta cooperação é ampliada no art. V para incluir também outras organizações intergovernamentais e organizações não-governamentais em matéria de interesse da OMC. A atuação da OMC em áreas relacionadas com a sua atividade, inclusive na preservação do meio ambiente, é bem mais efetiva, pelo fato de a Organização possuir personalidade jurídica (Art. VIII), atributo que faltava ao GATT, considerado *de facto* uma agência especializada nas suas relações com as Nações Unidas[29].

3.3. A Estrutura e a Competência da OMC

A estrutura da Organização Mundial do Comércio e a competência e o funcionamento de seus órgãos estão delineados no art. IV do Acordo. A OMC é composta pela Conferência Ministerial, pelo Conselho Geral e três outros conselhos a ele subordinados relativos a bens, serviços e propriedade intelectual. O Comitê de Comércio e Desenvolvimento, o Comitê de Meio Ambiente, o

---

[29]. Cf. MORA, Miquel Montaña. *Op. cit.*, p. 23.

Comitê de Restrições por Motivo de Balanço de Pagamentos e o Comitê de Assuntos Orçamentários são subordinados à Conferência Ministerial e ao Conselho Geral. Vários outros comitês e órgãos menores se subordinam aos respectivos conselhos relativos a bens e serviços. A Conferência Ministerial, composta por representantes de todos os Membros, reúne-se, no mínimo, em intervalos de dois anos, e constitui-se no órgão máximo da Organização, tendo suas decisões deliberativas tomadas em plenário. À Conferência Ministerial foi atribuída a competência de exercer todas as funções da OMC, adotando as medidas necessárias para tal fim. Sua competência se estende a todos os temas de âmbito dos Acordos Multilaterais de Comércio. Cabe, também, à Conferência, segundo os arts. XII, 2 e IX, 2,3:

- decidir sobre a adesão de novos membros ao Acordo Constitutivo e aos Acordos Multilaterais, por maioria de dois terços dos Membros da OMC;
- decidir sobre a derrogação de uma obrigação de um Membro, abrangida pelo Acordo da OMC e pelos Acordos Multilaterais de Comércio (*waiver*), por maioria de três quartos dos Membros;
- adotar interpretações ao Acordo Constitutivo e aos Acordos Multilaterais. Esta é uma competência exclusiva da Conferência Ministerial e do Conselho Geral.

Em resumo, a Conferência Ministerial substituiu as PARTES CONTRATANTES (partes contratantes, atuando em conjunto, conforme o art. XXV, 1 do GATT); o Conselho Geral sucedeu o Conselho de Representantes; e os Comitês de Comércio e Desenvolvimento, de Restrições por Motivo de Balanço de Pagamentos e de Assuntos Orçamentários do GATT permaneceram com a mesma denominação anterior.[30]

O Conselho Ministerial é, também, composto por representantes de todos os Membros, desempenha as funções da Conferência Ministerial, no intervalo entre suas reuniões, a ela se reportando. Reúne outras funções específicas, conforme art. IV, 3 e IV, 4 do Acordo Constitutivo da OMC, quais sejam: as funções do Órgão de Solução de Controvérsias (OSC), estabelecido no art. 2 do Entendimento sobre Solução de Controvérsias, as funções do Órgão de Exame das Políticas Comerciais, estabelecido no TPRM, cláusula C (i).

Alcides G. R. Prates[31] destaca a diferença entre as funções atribuídas à OMC pelos parágrafos 3 e 4 do art. IV. Embora operacionalmente análogas, quando a OMC cumpre as funções do Órgão de Solução de Controvérsias, está exercendo papel quase jurisdicional, e quando assume o papel do Órgão de Exame das Políticas comerciais, sua função é consultiva.

Tanto o Órgão de Solução de Controvérsias como o Órgão de Exame de Políticas Comerciais poderão ter seu próprio presidente e terão competência para estabelecer as normas de procedimento necessárias ao seu funcionamento. Assim, quando o Conselho se reúne para cumprir as funções estabelecidas nos parágrafos 3 e 4 (primeira parte) há um desdobramento funcional na estrutura or-

---

30. Cf. PRATES, Alcides G. R. *Loc. cit.*, p. 100.
31. Ibidem, p. 101.

gânica da OMC, pois o Conselho Geral é um órgão diverso dos outros dois[32].

Os Conselhos para Comércio de Bens, para o Comércio de Serviços e para os Aspectos dos Direitos de Propriedade Intelectual Relacionados ao Comércio terão as funções que lhes foram determinadas pelos Acordos correspondentes, a saber, respectivamente, os Acordos Multilaterais de Comércio do Anexo 1A, o Acordo Geral sobre Comércio de Serviços e o Acordo sobre os Aspectos dos Direitos de Propriedade Intelectual relacionados ao Comércio, além da supervisão dos referidos Acordos. Exercerão, também, as funções que lhes forem conferidas pelo Conselho Geral. Estes conselhos se reunirão sempre que se fizer necessário para o exercício de suas atribuições e poderão ser integrados por representantes de todos os Membros. De acordo com o art. IV, 5, as regras de procedimentos poderão ser estabelecidas pelo conselho a que competirem, desde que submetidas à aprovação do Conselho Geral.

Os três conselhos mencionados acima também poderão estabelecer seus órgãos subsidiários, que criarão suas próprias regras, sujeitas à aprovação do conselho respectivo, segundo o art. IV, 6.

Compete à Conferência Ministerial estabelecer um Comitê de Comércio e Desenvolvimento, um Comitê de Restrições por Motivo de Balanço de Pagamentos e um Comitê de Assuntos Orçamentários, Financeiros e Administrativos, cujas funções lhes serão atribuídas no Acordo da OMC, nos Acordos Multilaterais de Comércio, além das que lhes forem determinadas pelo Conse-

---

32. Cf. MORA, Miquel Montaña. *Op. cit.*, p. 28.

lho Geral. À Conferência Ministerial também é facultado o estabelecimento de comitês adicionais com funções determinadas. Nestes comitês, poderão ter participação representantes de todos os Membros.

Conforme expressamente determinado no próprio Acordo da OMC, em seu artigo IV, 7, a função do Comitê de Comércio e Desenvolvimento é examinar periodicamente "as disposições especiais em favor dos países membros de menor desenvolvimento relativo, contidas nos Acordos Comerciais Multilaterais" e fornecer ao Conselho Geral relatório sobre as medidas cuja adoção julgar apropriadas.

Além dos comitês previstos no Acordo da OMC, foram criados o Comitê de Comércio e Meio Ambiente (1994), o Comitê sobre Acordos Comerciais Regionais (1996), o Comitê sobre Compras Governamentais (1996) e o Comitê de Aeronaves Civis, não especificados expressamente no Acordo da OMC[33].

3.4. Os Membros da OMC

Os Membros originários da OMC são as partes contratantes do GATT de 1947 em 1º de janeiro de 1995, data da entrada em vigor do Acordo Constitutivo da OMC, desde que tenham aceitado o Acordo Constitutivo e os Acordos Multilaterais de Comércio, e que tenham anexado Listas de Concessões e Compromissos ao GATT de

---

33. Ibidem, p. 36. Cf. também FRATALOCCHI, Aldo e ZUNINO, Gustavo. *Op. cit.*, p.52; e THORSTENSEN, Vera. *Op. cit.*, p. 45.

1994, inclusive Listas de Compromissos Específicos ao General Agreement on Trade and Services (GATS).

Entretanto, o Acordo ressalva, em seu art. XI, 2, que, com relação aos países de menor desenvolvimento, os compromissos e concessões constantes das listas anexadas ao GATT de 1994 e ao GATS, deverão ser adequados às suas necessidades financeiras e comerciais e à capacidade administrativa e institucional destes países.

O prazo para a aceitação do Acordo Constitutivo da Organização Mundial do Comércio foi fixado em dois anos a partir da data em que passou a vigorar (1/1/1995). Esta aceitação abrange também os Acordos Multilaterais Anexos. Qualquer aceitação depois da entrada em vigor do Acordo terá eficácia após trinta dias da data de tal assentimento.

O Acordo admite a aceitação de novos Membros que sejam Estados ou territórios aduaneiros separados, com total autonomia na condução de suas relações comerciais exteriores e dos temas objeto do Acordo da OMC e dos Acordos Multilaterais de Comércio. Esta aceitação também abrange, necessariamente, os Acordos Multilaterais anexos. Apenas a aceitação de um Acordo Plurilateral será feita em separado, atendendo às disposições do Acordo respectivo. Os países candidatos a membro da OMC deverão apresentar listas de concessões ao GATT e ao GATS. Estarão submetidos ao mesmo procedimento os países que, tendo sido partes contratantes do GATT, não entregaram as Listas de Concessões no prazo de dois anos, a partir de 1º de janeiro de 1995[34]. A

---

34. Cf. PRATES, Alcides G. R. *Loc. cit. In* CASELLA, Paulo Borba e MERCADANTE, Araminta de Azevedo. *Op. cit.* p. 113.

acessão deverá ser submetida à aprovação da Conferência Ministerial por maioria de dois terços dos Membros da OMC.

Apesar de, segundo os artigos XI e XII, haver dois tipos de membros, os membros originários e aqueles cuja admissão se verificou posteriormente ao prazo de dois anos da data de entrada em vigor do Acordo da OMC, não há distinção, para efeitos práticos, entre essas duas categorias em termos de direitos e obrigações, pois a única diferença se refere ao processo de acessão[35].

3.5. O Processo Decisório e Emendas ao Acordo da OMC

Em continuidade à prática verificada no GATT de 1947, as decisões, também na OMC, exigem consenso, conforme o Art. IX, 1. Tal consenso é alcançado quando nenhum dos Membros presentes à reunião objetar formalmente à proposta de decisão. A cada Membro será atribuído um voto e a Comunidade Européia terá o número de votos correspondentes ao número de Estados-Membros, que também são Membros da OMC.

Na impossibilidade de uma decisão por consenso, esta será tomada por votação. Entretanto, o dispositivo excetua algumas matérias que exigem o consenso, como, por exemplo, a postergação de obrigação sujeita a período de transição, segundo determina a nota n° 4 do Acordo da OMC, e a decisão de incluir um acordo comercial

---

35. Cf. MORA, Miquel Montaña. *Op.cit.*, p. 23.

na categoria dos Acordos Plurilaterais do Anexo 4, de acordo com o art. X, 9 do mesmo Acordo.

As decisões da Conferência Ministerial e do Conselho Geral são tomadas por maioria simples, excetuando-se disposições em contrário estabelecidas nos Acordos Multilaterais e no próprio Acordo Constitutivo. Podem ser citadas como exemplos: a adoção das interpretações das medidas previstas nos acordos, que requer maioria de três quartos, conforme o art. IX, 2; emendas ao Acordo da OMC ou aos Acordos Multilaterais anexos, que exigem maioria de dois terços, como previsto no art. X, 4; a adoção de normas financeiras e a aprovação de proposta do Orçamento Anual pelo Conselho Geral, por maioria de dois terços, alcançados por votação de mais da metade dos Membros da OMC, segundo o art. VII, 3; a decisão da Conferência Ministerial para derrogar obrigações decorrentes dos Acordos Multilaterais (*waiver*) é tomada por maioria de três quartos, como dispõe o art. IX, 3 *caput*; um pedido de derrogação relativo ao próprio Acordo Constitutivo da OMC será decidido, a princípio, por consenso e, na sua impossibilidade, por maioria de três quartos, conforme está previsto no art. IX, 3. Estas derrogações são concedidas em caráter excepcional e são temporárias, sujeitas à revisão anual, caso seu prazo exceda a um ano, de acordo com o art. IX, 4.

As decisões relativas a um Acordo Plurilateral, incluindo as decisões sobre interpretação, derrogação e alteração, são reguladas pelas disposições constantes do Acordo respectivo, segundo os artigos IX, 5 e X, 10.

As emendas ao Acordo da OMC e aos Acordos Multilaterais dos Anexos 1A e 1C, caso alterem direitos e obrigações dos Membros, são aprovadas por dois terços dos Membros e são vinculantes para aqueles que as aceitaram e, para os outros Membros, se tornam vinculantes a partir da data de sua aceitação, como determina o art. X, 3. Diversamente, as medidas que não impliquem em modificações nos direitos e nas obrigações dos Membros vincularão todos os Membros, quando aceitas por maioria de dois terços, consoante o art. X, 4. Normalmente, às alterações propostas serão aplicadas as disposições do parágrafo 3, mas a Conferência Ministerial poderá decidir, por maioria de três quartos, pela aplicação do parágrafo 4, conforme o art. X, 1.

A regra enunciada no art. X, 3, conforme destaca Alcides G. R. Prates[36], reproduz a regra do parágrafo 4 do art. 40 da Convenção de Viena sobre o Direito dos Tratados de 1969, segundo a qual: "O acordo de emenda não vincula os Estados que já são partes do tratado e não se tornaram partes do acordo emendado...". No entanto, a Conferência Ministerial decidirá, por consenso, em 90 dias ou em período superior, se assim o resolver, segundo o art. X, 1, ou por maioria de três quartos dos Membros, a retirada do Membro dissidente, como dispõe o art. X, 3. Nesse aspecto, conforme salienta o mesmo autor, o dispositivo em tela extrapola a orientação da Convenção de Viena.

As ressalvas à regra dos parágrafos 3 e 4 estão contidas nos parágrafos 2, 5 e 6, de acordo com o art. X, 1. O parágrafo 2 exige consenso para alterações relativas ao próprio dispositivo e para as alterações referentes ao processo decisório do Acordo Constitutivo, segundo o

---

36. Cf. PRATES, Alcides G. R. *Loc. cit.*. p. 108.

art. IX, como também exigem unanimidade para a aprovação: os artigos I e II do GATT de 1994, que introduzem o Princípio da Nação Mais Favorecida e as tabelas de concessões, respectivamente; o artigo II, 1 do GATS, Princípio da Nação Mais Favorecida Aplicado ao Comércio de Serviços; e o artigo 4 do TRIPS, também relativo ao princípio da nação mais favorecida.

O parágrafo 5 se refere ao Acordo Geral sobre Comércio de Serviços (GATS) e condiciona, a princípio, a vigência das partes I, II, III do referido Acordo e seus Anexos à concordância do Membro em questão, a partir da data de aceitação por dois terços dos Membros e, em casos de aceitação posterior, na data desta. No entanto, haverá alterações cuja natureza, de acordo com decisão por maioria de três quartos dos Membros, implicará, para o Membro dissidente, a retirada da OMC, a menos que lhe seja dado pela Conferência Ministerial consentimento para permanecer como membro .

As alterações das partes IV, V e VI do GATS e de seus anexos serão vinculantes para todos os Membros, a partir da data de sua aceitação por dois terços dos Membros. Ressalva será feita, entretanto, ao art. II, 1 do GATS, já excepcionado pelo parágrafo 2.

O parágrafo 6 do art. X remete a aprovação das emendas ao cumprimento dos requisitos enumerados no parágrafo 2 do art. 71 do TRIPS. Se estas alterações, conforme o referido parágrafo, tiverem sido aceitas por todos os Membros da OMC e, após haverem sido submetidas ao Conselho do TRIPS, tiverem sido objeto de proposta consensual do Conselho, serão encaminhadas à Conferência Ministerial, que poderá adotá-las, sem qualquer processo formal de aceitação.

As emendas ao Entendimento de Solução de Controvérsias deverão ser decididas por consenso e vigorarão para todos os Membros, a partir da sua aprovação pela Conferência Ministerial, como estabelece o art. X, 8.

As emendas ao Mecanismo de Exame de Políticas Comerciais serão vinculantes para todos os Membros e poderão ser aprovadas por maioria simples. Esse mecanismo tem a finalidade de examinar as políticas e práticas comerciais dos Membros, com vistas a uma maior transparência e compreensão destas, no intuito de facilitar a adesão às regras dos Acordos Multilaterais e, no que couber, aos Acordos Plurilaterais; e de examinar a repercussão dessas políticas e práticas comerciais no sistema multilateral. Não visa observar o cumprimento das obrigações objeto dos Acordos ou do procedimento de solução de controvérsias, nem impor novas obrigações de política sobre os Membros. Os exames de política comercial estão a cargo do órgão específico (TPRB).

A inclusão de um acordo ou sua retirada do Anexo 4, relativo aos Acordos Plurilaterais, é decidida por consenso, consoante o art. X, 9. As alterações nos Acordos Plurilaterais de Comércio são regulamentadas conforme o caso respectivo, segundo o art. X, 10.

3.6. Restrições à Não-Aplicação dos Acordos Comerciais Multilaterais

A não-aplicação do Acordo da OMC e dos Acordos Multilaterais dos Anexos 1 e 2 entre dois Membros se mantém no art. XIII, da mesma forma que o art. XXXV do GATT (não-aplicação do Acordo entre as partes contratantes) mas, diversamente deste, restringe-a severamente, tornando-a excepcional. Nesse sentido, os Membros só poderão recorrer à não-aplicação:

1. se, como partes contratantes do GATT 1947, haviam invocado anteriormente o art. XXXV, e esta situação permaneça no momento da entrada em vigor do Acordo da OMC entre as partes contratantes; ou
2. entre um Membro da OMC e um novo Membro admitido conforme o art. XII, através de notificação à Conferência Ministerial pelo Membro que pretenda a não-aplicação, antes da aprovação dos termos da acessão.

Não há a possibilidade de não se aplicar apenas um ou alguns dos Acordos Multilaterais, segundo alerta Alcides G. R. Prates[37]. A não-aplicação do Acordo da OMC e Anexos 1 e 2 é concedida apenas em relação a todo o conjunto, exceção feita aos Anexos 3 (TPRM) e 4 (Acordos Plurilaterais). Os Acordos Plurilaterais contêm regras específicas dispondo sobre a sua não-aplicação.

3.7. Aceitação, Depósito e Retirada do Acordo da OMC

A aceitação do Acordo da OMC e seus Anexos para uma parte contratante do GATT 1947 está condicionada à anexação das Listas de Concessões e Compromissos

---
[37]. Ibidem, p. 114.

específicos ao GATT 1994 e às Listas de Compromissos específicos ao GATS.

A aceitação posterior à entrada em vigor do Acordo exige a implementação pelo futuro Membro das Concessões e obrigações, como se tivesse aceitado o Acordo em 1º de janeiro de 1995, de acordo com o art. XIV. Este Membro terá, portanto, menor prazo em relação às obrigações de implementação que se façam gradativamente.

O depositário do texto do Acordo e de seus Anexos, até a sua entrada em vigor, era o Diretor das Partes Contratantes do GATT, cargo este instituído em 23 de março de 1965 por substituição do cargo anterior de Secretário-executivo.[38] A partir de 1º de janeiro de 1995, essa função se transferiu para o Diretor Geral da OMC, conforme estipulado pelo artigo XIV, 3 e 4.

A retirada do Acordo da OMC e dos Acordos Multilaterais terá efeito seis meses a partir do recebimento da comunicação escrita pelo Diretor Geral da OMC, consoante o art. XV.

3.8. Outras Disposições

Sob o título Outras Disposições, o artigo XVI trata de assuntos de natureza diversa, complementando a matéria abordada nos artigos anteriores. Assim, o parágrafo 1 reforça a continuidade do sistema da OMC em relação ao sistema anterior do GATT de 1947 em tudo em que

---

[38]. Cf. nota 1 do texto do art. XXIII do GATT, em sua tradução publicada pela Fundação Calouste Gulbenkian.

não houver conflito entre os dois sistemas. O Princípio da Continuidade também está destacado no art.1 (a) do GATT de 1994, que compreende: "As disposições do GATT de 1947, retificado, emendado ou modificado pelos termos dos instrumentos legais que tenham entrado em vigor antes da data da emenda do Acordo Constitutivo da OMC". O parágrafo 2 prevê a transformação do Secretariado do GATT de 1947 no Secretariado da OMC.

Quanto a possíveis conflitos, as normas do Acordo Constitutivo prevalecerão sobre a dos demais Acordos Multilaterais, em virtude do parágrafo 3.

A regra do parágrafo 4 determina a conformidade da legislação dos Membros com as Obrigações dos Acordos e é, portanto, de grande importância para o funcionamento harmônico do sistema multilateral de comércio.

Durante os anos em que vigorou, o GATT de 1947 continha, inserido no seu "Protocolo de Aplicação Provisória", um dispositivo denominado "cláusula do avô" (*grandfather clause*), que consistia na regra de que a aplicação da Parte II do Acordo Geral, nada menos que os art. III a XXIII, estava condicionada a sua compatibilidade com a legislação dos Membros que estivesse em vigor. Sua utilidade era permitir a imediata entrada em vigor do GATT e, conforme observa Miquel Montaña Mora, beneficiou os países com uma "legislação em matéria de comércio internacional relativamente moderna no momento de entrada em vigor do GATT de 1947"[39]. Por isso, a Comunidade Européia, que não podia beneficiar-se de tal cláusula, diversamente dos Estados Uni-

---

39. MORA, Miquel Montaña. *Op. cit.*, p. 39.

dos, posicionou-se contrariamente à mesma. A Comunidade Européia queria, para a OMC, um papel de monitoramento e fiscalização da legislação interna dos Membros[40].

O parágrafo 4 procura fortalecer o próprio Acordo, evitando a limitação sofrida pelo GATT de 1947, cuja aplicação estava condicionada à não existência de conflito com a legislação nacional dos Membros.

O parágrafo 5 proíbe reservas ao Acordo Constitutivo da OMC, mas aceita que sejam feitas reservas com relação aos acordos Multilaterais e Plurilaterais, desde que por eles admitidas. Este artigo e o art. XI garantem a integridade do sistema, em oposição à fragmentação existente no antigo sistema GATT 1947, que deu origem à expressão "GATT a la carte".

---

40. Cf. PRATES, Alcides G. R. *Loc.cit.*, p. 122.

4. O procedimento de solução de controvérsias do GATT

4.1. Características Gerais

O procedimento de solução de controvérsias do GATT não foi estabelecido de uma só vez, mas é fruto de uma evolução progressiva, como resultado da prática no exame do grande número de divergências, durante a vigência do GATT 1947 (de janeiro de 1948 a março de 1995, foram apresentadas 195 reclamações baseadas no art. XXIII do GATT)[41].

Os princípios básicos que nortearam a solução de controvérsias do GATT 1947 estão expressos nos seus artigos XXII e XXIII e, com fundamento nestes dois artigos, se construiu uma vasta jurisprudência na interpretação das normas do Acordo Geral, contribuindo para a codificação do sistema. Continuam no GATT 1994 (Anexo 1A do Acordo da OMC).

---

41. Cf. MORA, Miquel Montaña. *Op. cit.*, p.47.

Os documentos oficiais não se preocuparam em definir os termos "controvérsia" ou "diferença", conforme observou Miquel Montaña Mora[42], cujo significado não usual se deve à natureza das reclamações, ao abrigo do art. XXIII do GATT.

A definição clássica de "diferença" utilizada na prática internacional é de responsabilidade do Tribunal Permanente de Justiça Internacional, no caso das concessões palestinas de Mavrommattis: "Uma diferença é um desacordo sobre um ponto de direito ou de fato, uma contradição de tese jurídica ou de interesse entre duas pessoas"[43]. Esta definição é considerada, pela doutrina, adequada às diferenças objeto do Direito Internacional, entendendo-se como pessoas aquelas que são sujeito do Direito Internacional. Mais ainda, a divergência entre as partes pode se referir não somente a questões jurídicas como também a questões de fato. Adicionalmente só há uma diferença internacional, caso esta tenha sido caracterizada pelas partes através de conversações diretas, atos unilaterais ou outros meios suficientes para definir seu conteúdo, de tal forma que seja identificável objetivamente[44].

Para a finalidade do Acordo Geral, a controvérsia é resultado de uma reclamação concreta de um sujeito de Direito Internacional contra outro, não apenas pelo não-cumprimento de uma obrigação. Por força do art. XXIII, também omissões ou qualquer situação que resulte em anulação ou prejuízo de vantagens obtidas pelos Mem-

---

42. Ibidem, p. 53.
43. Ibid., p. 53.
44. Ibid., p. 51-54.

bros, em decorrência dos acordos abrangidos, podem resultar em uma controvérsia. Isto confere ao sistema construído pela prática na resolução dos conflitos, sob a vigência do GATT 1947, sua característica mais original e específica.

Em decorrência desta característica, Miquel Montaña Mora dá a seguinte redação à definição de controvérsia ou diferença:

> um desacordo baseado em uma ação ou omissão de uma ou várias Partes Contratantes que, independentemente de implicar em descumprimento de uma obrigação, provoca uma anulação ou prejuízo de vantagens, direta ou indiretamente, do Acordo Geral, para a outra Parte Contratante, ou compromete o cumprimento de um dos objetivos do mesmo.[45]

Dessa forma, a definição delimita a abrangência do procedimento de solução de controvérsias do GATT a qualquer questão originada de uma anulação ou de um prejuízo de algum benefício proveniente do Acordo Geral.

4.2. Os Métodos Utilizados na Solução das Disputas Internacionais e na Prática do GATT

Os governos envolvidos em disputas podem fazer prevalecer suas próprias razões sobre os interesses dos outros, através de negociações, onde cada parte procura

---
45. Ibid., p. 57.

submeter a outra, fazendo uso de seu poder contra seu opositor.

Este mecanismo, denominado *power-oriented*, normalmente submete os países de menor expressão econômica e desenvolvimento à conveniência dos mais poderosos e ricos, sob a ameaça de retaliações em outros campos.

Em oposição, existe o método denominado *rule-oriented*, no qual se observam regras aceitas voluntariamente, procurando satisfazer, na medida do possível, às necessidades e interesses das partes. Este método, ao contrário do anterior, induz os países a uma maior cooperação, que resulta em maiores benefícios a médio ou longo prazo, extensíveis aos cidadãos, enquanto consumidores. As normas de aceitação voluntária propiciam uma maior previsibilidade e segurança, reduzem os conflitos gerados por uma política comercial arbitrária, promovem a transparência das políticas comerciais e, conseqüentemente, permitem uma competição comercial não distorcida e um maior respeito aos direitos e liberdades individuais.

O Sistema de Solução de Controvérsias desenvolvido na prática do GATT e, posteriormente, da OMC se utiliza de métodos diplomáticos e de métodos legais. Os métodos diplomáticos empregados são a negociação, a conciliação, os bons ofícios, a mediação, o inquérito.

Na negociação, precedida por uma fase anterior de consultas, as partes procuram um acordo mutuamente aceitável, não havendo envolvimento de uma terceira parte. Nos outros métodos se faz necessária a intermediação de um terceiro para facilitar uma solução adequada. A negociação realiza-se, via de regra, através de troca de notas entre chancelaria e embaixada, podendo, contudo, desenvolver-se oralmente. É o meio a que se recorre para a composição de uma quantidade elevada de conflitos internacionais. Entretanto, a solução do litígio depende da boa vontade das partes em transigir e do equilíbrio relativo de forças entre elas. Em questões de maior vulto e seriedade, esse método falha ante a recusa em transigir por parte do Estado mais poderoso[46].

Na conciliação, a intervenção de uma terceira parte é requisitada formalmente pelas partes litigantes com uma base legal e institucional. Os integrantes do país, organismo ou comissão envolvidos agem independentemente, sem nenhum vínculo com uma organização ou um país. Normalmente os procedimentos são confidenciais e as propostas de conciliação, por não serem vinculantes, não podem ser levadas a nenhum tribunal judicial ou arbitral. A conciliação está prevista no artigo 66 da Convenção de Viena de 1969 sobre o direito dos tratados, e no artigo 284 da Convenção das Nações Unidas sobre o direito do mar, as quais regulamentam o procedimento em seus anexos.

A conciliação é exercida por uma comissão de conciliação, constituída por elementos de confiança dos Estados e elementos neutros, em número ímpar. Segundo Rezek, têm sido muito utilizados dois conciliadores de confiança para cada Estado, sendo um deles da nacionalidade do Estado responsável pela indicação. O quinto integrante é escolhido pelos outros quatro, para assumir a presidência da comissão.[47]

---

46. Cf. REZEK, J. F. *Direito internacional público*. São Paulo: Saraiva,1996, p. 344.
47. Ibidem, p. 348-349.

Os bons ofícios são utilizados para promover a comunicação entre as partes em disputa, no sentido de incentivá-las a reatar as negociações. Podem ser exercidos por um ou mais estados ou uma organização internacional, por iniciativa própria ou a pedido das partes envolvidas. No entanto, o terceiro não examina as razões da parte, nem apresenta qualquer proposta visando à solução do conflito.[48]

Na mediação, o mediador pode ser um Estado, uma organização internacional ou um indivíduo, com o assentimento dos litigantes. O mediador interpreta e comunica a cada um as propostas do outro, podendo inclusive apresentar, de modo informal, as suas próprias sugestões para a solução da questão. As partes mantêm o controle da disputa e as propostas do mediador não são vinculantes, até que ambas as partes tenham concordado formalmente com seus termos. A mediação só terá êxito, portanto, quando a proposta for satisfatória para os dois oponentes.[49]

O inquérito é um procedimento preliminar, tanto para o método diplomático quanto para o método jurisdicional e visa à apuração dos fatos. Todavia, tendo ficado clara a responsabilidade de uma das partes tão somente pela elucidação dos fatos, poderá ser dispensado o prosseguimento de qualquer método para a solução da disputa.[50]

Os métodos diplomáticos de solução de disputas empregam considerações mais políticas que legais e, por

---
48. Ibid., p. 345.
49. Ibid., p. 347.
50. Ibid., p. 349.

isso, estão sujeitos à força política das partes. Apesar da maior flexibilidade e do maior controle das partes sobre a disputa, há o risco de que uma solução obtida por meios diplomáticos implique o favorecimento de uma parte sobre outra de menor expressão política, independentemente de seus méritos. Sua utilidade é maior para as disputas entre as partes cujo poder político é semelhante.

Os métodos jurisdicionais empregam as normas firmadas pelas partes para regular suas relações recíprocas, para solucionar os conflitos, em tribunais judiciais ou arbitrais. As soluções tomadas através dos métodos jurisdicionais levam em consideração as obrigações e os interesses das partes para se chegar a uma solução mutuamente aceitável e que vincule as partes em conflito.

Na arbitragem, um especialista de confiança e escolha das partes definirá os objetivos da disputa e a jurisdição do tribunal, e resolverá o conflito através de procedimentos *ad hoc* por ele estabelecidos para a aplicação da lei substantiva.

A evolução do sistema de solução de controvérsias foi marcada por um debate sobre qual o melhor método na resolução das divergências, o método diplomático ou o método jurisdicional. Esta discussão colocou de um lado os defensores da negociação diplomática, como as Comunidades Européias e o Japão, e de outro os partidários de um procedimento jurisdicional, como os Estados Unidos e os países em desenvolvimento[51].

A posição diplomática é reforçada pelo fato de que, nesta, a solução para as questões envolvendo prejuízos

---

[51] Cf. MORA, Miquel Montaña. *Op. cit.*, p. 66.

comerciais, causados por ação ou omissão de uma das partes, está mais direcionada para a restauração do equilíbrio rompido e para evitar-se que o dano se perpetue do que para se apontar um culpado. É mais importante conter a ação ou omissão dolosa, para se assegurar o desenvolvimento das relações comerciais. Entretanto, as potências econômicas, tendo em vista o maior poder de negociação, têm seus interesses favorecidos em prejuízo dos países mais fracos e pobres.

O método jurisdicional é mais eqüitativo e, segundo Miquel Montaña Mora[52], é defendido por vários autores que, no entanto, admitem a utilidade do método diplomático. Contudo, a posição adotada pelos países depende de seus interesses comerciais e políticos e, como exemplifica o mesmo autor[53], a Comunidade Européia optou por defender o método diplomático porque durante anos a sua política conflitava com os princípios do GATT e, da mesma forma, o interesse dos Estados Unidos no procedimento jurisdicional foi conseqüência da maior projeção da Comunidade Européia e do Japão como competidores econômicos.

4.3. A Evolução do Procedimento de Solução de Controvérsias: do GATT 1947 à OMC

O sistema de solução de controvérsias do GATT 1947, como já mencionado, se desenvolveu pela aplicação prática dos artigos XXII e XXIII do Acordo Geral.

---
52. Ibidem, p. 66.
53. Ibid., p. 67.

Havia, na época, a determinação de que o GATT fosse utilizado até a criação da Organização Internacional do Comércio, com a entrada em vigor da Carta de Havana de 1948. Essa prática se prolongou por anos, já que a Carta de Havana jamais vigorou. As disputas no âmbito do GATT, baseadas nos referidos artigos, passaram a utilizar as técnicas jurisdicionais combinadas com as técnicas diplomáticas.

O art. XXII determina a celebração de consultas bilaterais entre as partes sobre as questões envolvendo a aplicação do Acordo, a requerimento de uma das partes.

O art. XXIII é mais específico e se destina a proteger os benefícios alcançados em decorrência do Acordo Geral. É empregado sempre que uma das partes entenda que uma vantagem resultante do Acordo esteja sendo anulada ou prejudicada, ou que os objetivos do mesmo se encontrem comprometidos por uma medida tomada pela outra parte, em descumprimento, ou mesmo, em conformidade com o dispositivo.

Durante os primeiros anos de vigência do GATT, as Partes Contratantes constituíam grupos de trabalho para examinar as reclamações. Estes grupos podiam ter entre seus integrantes representantes nacionais das partes interessadas. Dessa forma, o procedimento adotado tendia a sofrer forte influência da negociação, pois os representantes das partes procuravam seguir as recomendações de seus governos, principalmente nas questões envolvendo o art. XXIII, 2[54].

---

[54]. Cf. PETERSMANN, Ernst-Ulrich. *International Trade Law and the GATT/WTO Dispute Settlement System*. Londres: Kluwer

Após 1952, os grupos de trabalho tiveram a sua constituição alterada, de forma a serem integrados por especialistas independentes em número de três ou cinco que, ao final das reuniões, apresentavam um relatório às PARTES CONTRATANTES[55].

Os relatórios com as recomendações, após o exame das questões, à luz dos dispositivos do Acordo Geral, eram submetidos às PARTES CONTRATANTES para serem implementados em um período de tempo razoável. Como no regime jurídico do GATT as decisões exigiam o consenso, havia a possibilidade de a parte vencida bloquear a adoção do relatório. Na prática, isso raramente ocorria e os relatórios foram adotados quase sempre pelas PARTES CONTRATANTES, passando a ter caráter obrigatório. No período desde 1947 até o início da Rodada Uruguai (1986), apenas quatro relatórios deixaram de ser adotados[56].

Os Grupos Especiais, cujos componentes passaram a agir independentemente de qualquer compromisso político, ao contrário do que ocorria nos grupos de trabalho, produziram relatórios com decisões mais objetivas que, por isso, passaram a ser quase automaticamente adotados pelas PARTES CONTRATANTES[57]. Entretanto,

---

Law International Ltda., 1999, p. 34; e MORA, Miquel Montaña. *Op. cit.*, p. 63.

55. Art. XXV do GATT 1947: "(...) Sempre que se faz referência neste Acordo às partes contratantes agindo coletivamente, elas são designadas por as PARTES CONTRATANTES". Assim, toda vez que, neste trabalho, se usar caixa alta para grafar essa expressão, o sentido é este.
56. Cf. MORA, Miquel Montaña. *Op. cit.*, p. 64.
57. Ibidem, p. 69, citando HUDEK, R. E. *The GATT Legal System*.

conforme assinala Miquel Montaña Mora, esses grupos muitas vezes procuraram solucionar a divergência através da conciliação e, nesse aspecto, na aplicação do art. XXIII, somente para as disputas envolvendo países com grau de desenvolvimento semelhante o procedimento era mais eficaz. Conseqüentemente, os países em desenvolvimento ficavam desencorajados de recorrer ao art. XXIII.[58]

A partir da Rodada Kennedy (1964-1967), os procedimentos para solucionar controvérsias entre as partes contratantes foram sendo progressivamente codificados.

Em 5 de abril de 1966 foi adotada a decisão relativa aos Procedimentos sobre o Artigo XXIII, constituindo-se um procedimento de consultas e conciliação para as controvérsias entre países em desenvolvimento e países desenvolvidos.

A rodada seguinte de negociações, a Rodada Tóquio, reafirmou o procedimento anterior quanto à necessidade de se aplicar, às questões comerciais envolvendo países em desenvolvimento, um tratamento mais adequado. Adicionalmente, fortaleceu o papel de mediador do Diretor Geral e procurou codificar a prática consuetudinária do GATT, através do Entendimento Relativo à Notificação, Consultas, Solução de Controvérsias e Vigilância e seu anexo, Exposição Acordada da Prática Consuetudinária do GATT em Matéria de Solução de Controvérsias[59].

---
58. Ibidem, p. 69.
59. Cf. PETERSMANN, Ernst-Ulrich. *Op. cit.*, p. 35.

O parágrafo 7 do Entendimento estabeleceu que "a prática consuetudinária do GATT na área de solução de controvérsias, descrita no anexo, deveria ser continuada no futuro com os aperfeiçoamentos colocados abaixo."[60] O Entendimento também previa que, nos casos onde as consultas não fossem suficientes para um acordo, seria realizada uma conciliação por um terceiro, de preferência o Diretor Geral, quando uma das partes fosse um país em desenvolvimento e a outra um país desenvolvido. Mais além, ficou assentado que esse procedimento não teria natureza contenciosa. Os integrantes dos grupos especiais eram indicados pelo Diretor Geral, a partir de uma lista de especialistas.

Segundo o Entendimento, os grupos especiais devem apresentar um relatório o mais rápido possível, cujo prazo é de três meses para casos de urgência e sobre esses relatórios as PARTES CONTRATANTES devem se manifestar em um prazo razoável.

O Entendimento possibilitou que terceiros interessados pudessem intervir ante o grupo especial e declarou o direito dos grupos especiais, caso considerassem apropriado, de requisitar informações ou pareceres de indivíduos ou de organizações. Para dar aos países em desenvolvimento igualdade de condições nas disputas com os países desenvolvidos, o Entendimento determinou a prestação de assistência técnica pelo Secretariado do GATT[61].

---

60. Ibidem, p. 35.
61. Cf. MORA, Miquel Montaña. *Op. cit.*, p. 73 e p. 74.

Entretanto, a solução de controvérsias, conforme ficou definida após a Rodada Tóquio, estava sujeita a procedimentos específicos previstos em cada um dos códigos. Essa diversidade de procedimentos e de "jurisprudência" do GATT ocasionava uma fragmentação, aumentando a complexidade do sistema e ensejando o *forum shopping*[62].

Miquel Montaña Mora explica a natureza híbrida do procedimento seguido pelos grupos especiais, envolvendo técnicas diplomáticas (consultas, mediação, bons ofícios e conciliação) e técnicas jurisdicionais baseadas no direito aplicável, através de um procedimento estabelecido[63]. Destaca também que a prática dos grupos especiais dotou esse procedimento de elementos muito semelhantes aos dos procedimentos jurisdicionais de solução de controvérsias, diversamente dos grupos de trabalho originais. Estes, por terem entre seus integrantes representantes das partes interessadas, preferiam a negociação, mais sujeita à influência do poder relativo das partes. Entretanto, de acordo com o mesmo autor, a necessidade de aprovação dos relatórios, por um órgão político da organização, descaracteriza o procedimento como estritamente jurisdicional.

Após a Rodada Tóquio, em virtude da consciência da necessidade de se aprimorarem as resoluções acordadas durante essas reuniões, as PARTES CONTRATANTES enunciaram a Decisão sobre Procedimentos de Solução de Controvérsias de 29 de novembro de 1982[64]. Por esta

---

62. Cf. MORA, Miquel Montaña. *Op. cit.*, p. 76.
63. Ibidem, p. 77.
64. Cf. PETERSMANN, Ernst-Ulrich. *Op. cit.*, p. 35.

decisão ficou claro que, apesar da importância do Entendimento formulado em 1979, o qual codificou e aperfeiçoou a prática do GATT na solução das disputas comerciais entre os Membros, deveriam ser tomadas algumas medidas para aprimorar a sua efetividade.

Foi concedida maior autoridade ao Diretor Geral para o desempenho dos bons ofícios e garantiu-se a confidencialidade da conciliação. Para a escolha dos integrantes dos grupos especiais, passou a ser dado prazo maior pelo Diretor Geral, caso fosse recomendável. Ao Secretariado coube a responsabilidade de prestar assistência aos grupos especiais. Decidiu-se que as despesas dos especialistas seriam custeadas pelo GATT e foi concedido à parte contratante vencida um "período de graça", com o intuito de facilitar a possibilidade de acordo, antes da adoção formal da recomendação[65].

Outro passo em direção a uma maior codificação dos procedimentos sobre a solução de controvérsias foi a Decisão sobre Procedimentos de 30 de novembro de 1984. Pela Decisão, a indicação dos especialistas não-governamentais seria entregue pelas partes contratantes ao Diretor Geral. Se não houvesse acordo entre as partes sobre a composição do grupo especial, durante o procedimento, o Diretor Geral, a pedido de qualquer das partes, nomearia os especialistas não-governamentais que comporiam o grupo especial[66].

Segue-se a Declaração Ministerial de Punta del Este, de 20 de setembro de 1986. Esta declaração foi conseqüência da necessidade de se dar maior força e credibi-

---

[65]. Cf. MORA, Miquel Montaña. *Op. cit.*, p. 83.
[66]. Ibidem, p. 84.

lidade ao sistema de solução de controvérsias e, mesmo, garantir a própria sobrevivência do sistema do GATT, detendo o progressivo enfraquecimento ante as controvérsias envolvendo os Estados Unidos e a Comunidade Européia, relacionadas principalmente com o setor agrícola[67]. A Comunidade Européia e os Estados Unidos, durante os anos 80, bloqueavam constantemente a adoção dos relatórios dos grupos especiais nas disputas em que participavam.

A Declaração de Punta del Este continha medidas destinadas a dar maior eficácia ao sistema de solução de controvérsias e assegurar o cumprimento das resoluções dos grupos especiais, conforme transcrito abaixo:

> Com o fim de assegurar a solução pronta e efetiva das controvérsias em benefício de todas as Partes Contratantes, as negociações teriam por finalidade melhorar e fortalecer as normas e procedimentos do processo de solução de controvérsias, reconhecendo ao mesmo tempo a contribuição que prestariam normas e disciplinas do GATT mais eficazes e exigíveis. As negociações deverão incluir a elaboração de disposições adequadas para a supervisão e controle do procedimento, que facilitem o cumprimento das recomendações adotadas.

Do texto da Declaração podem ser destacados como principais objetivos:

---

[67]. Ibid., p. 85.

1. maior rapidez e efetividade dos procedimentos, cujo desenvolvimento podia ser freqüentemente retardado pelas partes. A participação destas é necessária nas várias fases processuais[68].
2. aperfeiçoamento e fortalecimento do procedimento de solução de controvérsias abrangendo todas as suas fases, mesmo aquelas cuja natureza não fosse estritamente jurídica, como a fase de celebração de consultas bilaterais[69].
3. normas e disciplinas do GATT mais eficazes e exigíveis.[70]
4. elaboração de dispositivos visando à supervisão e ao controle do procedimento e à facilitação do cumprimento das recomendações dos grupos especiais.

Durante a década de 1980, algumas recomendações feitas pelo Diretor Geral do GATT não foram cumpridas, conforme os relatórios anuais sobre o funcionamento do procedimento de solução de controvérsias, o que determinou a necessidade de aperfeiçoamento dos mecanismos de supervisão e controle[71]. Em 4 de maio de

---

68. Ibid., p 87.
69. Ibid., p. 88.
70. Conforme esclarece Mora, normas e disciplinas mais eficazes envolvem o consenso normativo relativo tanto às normas materiais quanto às normas processuais, que são conseqüentemente submetidas à pressão em relação a qualquer divergência acerca das primeiras. Por normas mais exigíveis, conclui o autor, uma interpretação a contrário senso reconhece tanto a existência de normas meramente programáticas, conforme a Parte IV do GATT, como de normas que deixaram de ser observadas na prática. Ibid., p. 88.
71. Ibid., p. 89.

1988, o Conselho do GATT aprovou Decisão eliminando a natureza reservada dos grupos especiais[72]. Finalmente, em 12 de abril de 1989 foi acordada a Decisão sobre Melhoras das Regras e Procedimentos de Solução de Controvérsias do GATT, resultado de reunião levada a efeito em Montreal em dezembro de 1988, que ficou conhecida como "Reunião a meio caminho"[73].

As melhoras foram introduzidas para vigorar em caráter experimental e provisório a partir do dia 1º de maio de 1989 até a conclusão da Rodada Uruguai no âmbito das controvérsias relativas aos artigos XXII e XXIII do GATT, não tendo qualquer efeito sobre os procedimentos específicos de alguns códigos estabelecidos na Rodada Tóquio.

Entre as várias alterações podem ser citadas: menor prazo para a fase de consultas; um maior detalhamento das regras sobre bons ofícios, conciliação e mediação; a composição dos grupos especiais passou a não incluir representantes das partes interessadas; foi concedido o direito a terceiros de intervir quando tivessem um interesse substancial; o controle e a supervisão do cumprimento das recomendações foi aperfeiçoado e foi introduzida a arbitragem, como técnica para controvérsias bem delimitadas e de pequena importância política[74].

Durante esse processo evolutivo, a solução das disputas sob a vigência do GATT foi paulatinamente se transformando para incorporar uma maior "legalização" e co-

---

72. Ibid., p. 89.
73. Ibid., p. 90.
74. Ibid., p. 90-96.

dificação, afastando-se dos métodos *power-oriented*, predominantes inicialmente.

Ernst-Ulrich Petersman[75] destaca como etapas dessa codificação:

- estabelecimento em 1952 dos grupos especiais constituídos por especialistas independentes, em oposição aos grupos de trabalho anteriores, nos quais era admitida a participação de representantes dos governos, passíveis de sofrer influências políticas;
- o reconhecimento, inicialmente pela prática do GATT e posteriormente pelo Entendimento sobre Solução de Disputas de 1979, da presunção de "anulação ou prejuízo" em casos onde ocorreram violações às obrigações do GATT.
- a limitação na prática do GATT das reclamações de "não-violação"(art. XXIII, 1b) a situações, onde os benefícios que poderiam ser razoavelmente esperados de um acordo tarifário fossem "anulados ou prejudicados" por subsídios posteriores e não previsíveis.
- a legalização progressiva da "jurisprudência diplomática" e a "despolitização" dos procedimentos, que resultou, dentre outros fatores, da adoção de precedentes levados aos grupos especiais do GATT ("a lei do caso"), do recurso regular pelos grupos especiais na década de 1980, aos métodos consuetudinários de interpretação dos tratados, da maior atuação de advogados, como especialistas, e da adoção quase automática dos relatórios dos grupos especiais.

---

75. Cf. PETERSMANN, Ernst-Ulrich. *Op. cit.*, p. 48-49.

- a codificação progressiva e o aperfeiçoamento das regras de solução de controvérsias em 1958, 1966, 1979, 1982, 1984, 1986, 1988, 1989 e em 1994 (Rodada Uruguai).
- a adoção da arbitragem como meio alternativo de solução de controvérsias no âmbito do GATT pela "decisão sobre as Melhoras nas Regras e Procedimentos de Solução de Controvérsias do GATT", de 12 de abril de 1989.

5. O entendimento relativo às normas e procedimentos sobre solução de controvérsias da OMC

5.1. Características Gerais

O Entendimento Relativo a Normas e Procedimentos sobre Solução de Controvérsias (ESC), Anexo 2 do Acordo Constitutivo da Organização Mundial do Comércio, é o resultado de uma longa evolução da solução de controvérsias no âmbito do Acordo Geral sobre Tarifas Aduaneiras e Comércio de 1947. Este procedimento, que deixou de vigorar em 31 de dezembro de 1995, teve seus princípios preservados no novo procedimento, objeto do Anexo 2 do Acordo da OMC.

O Procedimento de Solução de Controvérsias é essencial para dotar o sistema multilateral de comércio de segurança e previsibilidade, pois assegura o cumprimento das obrigações que permeiam as relações comerciais, através da observação dos princípios básicos do GATT, garantindo aos Membros os direitos constantes dos Acordos que integram a OMC. Como conseqüência, promove o sistema multilateral de comércio, dotando-o de maior credibilidade, preservando, desta forma, a liberdade de comércio, alcançada através das sucessivas rodadas de negociações comerciais, com a redução das taxas e direitos aduaneiros cobrados no comércio internacional. Adicionalmente, tem também a finalidade de interpretar e esclarecer as regras dos acordos abrangidos, segundo as normas de interpretação do direito internacional público.

O Entendimento Sobre Solução de Controvérsias (ESC) representa, antes de mais nada, a continuidade e a formalização da prática consuetudinária na resolução de disputas comerciais no âmbito do GATT 1947. Esta continuidade se faz presente na estruturação do sistema sobre a obrigação de consultar e ainda mais acentuadamente no conceito de anulação ou prejuízo, artigos XXII e XXIII, respectivamente, do Acordo Geral sobre Tarifas Aduaneiras e Comércio.

Nesse aspecto, o novo sistema já surge com a experiência de um ancião, pois incorporou todos os esforços realizados desde 1947, procurando unificar em um corpo jurídico os diversos acordos, resoluções e jurisprudência formulados desde então.

Muitas e profundas modificações acordadas antes e durante a Rodada Uruguai renovaram em muitos aspectos e fortaleceram o Sistema de Solução de Controvérsias da Organização Mundial do Comércio, que se reveste de um conteúdo mais jurisdicional, em contraste com o antigo sistema do GATT, onde os métodos diplomáticos predominavam, especialmente nos primeiros anos de aplicação do Acordo Geral.

Mesmo com o Entendimento sobre Solução de Controvérsias aprovado durante a Rodada Tóquio, em 1979, as técnicas diplomáticas para a composição dos conflitos comerciais ainda predominavam[76].

Adicionalmente, o sistema se apresentava bastante fragmentado em relação aos mecanismos legais, pois a adesão a cada um dos acordos negociados na Rodada Tóquio era de livre arbítrio das partes contratantes, merecendo por isso a denominação "GATT *a la Carte*"[77].

Como cada um dos acordos possuía mecanismos próprios para a solução de controvérsias, além de um mecanismo geral regulado no Acordo Geral, a conseqüência era o estabelecimento de um *forum shopping*, com a possibilidade de escolha para as partes do mecanismo a ser utilizado na solução do conflito.

O novo Entendimento sobre Solução de Controvérsias que emergiu da Rodada Uruguai se apresenta fortalecido por ser parte integrante do sistema multilateral de comércio da OMC, de caráter institucional, em contraste com o Acordo Geral Tarifas Aduaneiras e Comércio, que manteve a sua natureza contratual pela impossibilidade da entrada em vigor da Carta de Havana de 1948 e, conseqüentemente, da implementação da Organização Internacional do Comércio.

Além disso, o novo Entendimento procura unificar o sistema para incluir todos os acordos dos Anexos 1, 2 e

---

[76]. Cf. MORA, Miquel Montaña. *Op. cit.*, p. 98.
[77]. Cf. RANGEL, Vicente Marotta. Loc. Cit. *In* CASELLA Paulo Borba e MERCADANTE, Araminta de Azevedo. *Op. cit.*, p. 131.

3 do Acordo Constitutivo da OMC em um mesmo procedimento de solução de controvérsias. Mesmo assim, muitos dos Acordos Multilaterais mantiveram normas e procedimentos próprios. Estes são enumerados no Apêndice 2 do Entendimento sobre Solução de Controvérsias e compreendem: o Acordo sobre a Aplicação de Medidas Sanitárias e Fitossanitárias, o Acordo sobre Têxteis e Vestuários, o Acordo sobre Barreiras Técnicas ao Comércio, o Acordo Antidumping, o Acordo sobre Subsídios e Medidas Compensatórias e o Acordo Geral sobre Comércio de Serviços (GATS), dentre outros.

Importante para o fortalecimento do sistema e para o aprofundamento do seu caráter jurisdicional foi a inversão da regra que exigia o consenso para o estabelecimento de um grupo especial e para a adoção dos relatórios dos grupos especiais, tornando-os quase obrigatórios. O consenso passou a ser então exigido para o não-estabelecimento do grupo especial, o que garantiu à parte reclamante o direito a um grupo especial, conforme se lê no art. 6, 1. Também o direito à adoção de um relatório foi assegurado pela exigência de consenso para a sua não-aprovação, segundo o art. 16, 4.

Outra medida relevante rumo à maior jurisdicionalização do sistema foi a criação do Órgão de Apelação, uma segunda instância para o exame das questões de direito e das interpretações jurídicas elaboradas pelo grupo especial em seus relatórios, tal como reza o art. 17, 6. Aqui também a regra do consenso negativo se faz presente tornando a aprovação do relatório do Órgão de Apelação quase automática, conforme o art. 17, 14, da mesma forma que o estabelecido para a aprovação do relatório do grupo especial. A inversão da regra do consenso impediu a obstrução do desenvolvimento processual pelas partes e também resultou na debilitação do poder de decisão dos órgãos políticos, como o Conselho do GATT e os Conselhos dos diferentes acordos, em favor do fortalecimento dos órgãos jurisdicionais, como os grupos especiais e o Órgão de Apelação. No entanto, a adoção das recomendações dos grupos especiais e do Órgão de Apelação está submetida à decisão de um órgão político, o Órgão de Solução de Controvérsias (OSC), que dá a palavra final e que, tendo em vista as circunstâncias que envolvem o caso em pauta, pode evitar que uma decisão puramente jurisdicional que se mostre inadequada, inclusive sob a ótica da parte vencedora, seja adotada naquela situação.[78]

5.2. O Entendimento sobre Solução de Controvérsias (ESC) da OMC: O Texto Legal

5.2.1. Âmbito, Aplicação e Administração

O Acordo Constitutivo da OMC confere autoridade ao novo Entendimento sobre Solução de Controvérsias da OMC (ESC), incluindo-o no Anexo 2 como parte integrante do próprio Acordo.

Inicialmente, o art. 1 do Entendimento visa estruturar um sistema integrado para dirimir os conflitos no âmbito dos Acordos Comerciais detalhados no seu Apêndice 1, assim como no âmbito do Acordo Constitutivo da OMC e do próprio ESC, tomados isoladamente

---
[78]. Cf. MORA, Miquel Montaña. *Op. cit.*, p. 115-116.

ou em conjunto. A aplicação do Entendimento aos Acordos Plurilaterais, conforme o Apêndice 1,

> dependerá da adoção, pelas partes do Acordo em questão, de uma decisão na qual se estabeleçam as condições de aplicação do Entendimento ao referido acordo, com a inclusão das possíveis normas ou procedimentos especiais ou adicionais para fins da sua inclusão no Apêndice 2, conforme notificado ao OSC.

Quanto a possíveis conflitos entre os dispositivos do ESC e as regras específicas constantes dos acordos abrangidos, enumerados no Apêndice 2, o parágrafo 2 do art. 1 estabelece que "prevalecerão as regras e procedimentos especiais ou adicionais constantes do Apêndice 2".

Ao Órgão de Solução de Controvérsias cabe a administração das normas do entendimento e das normas dos Acordos Multilaterais e Plurilaterais relacionadas com a solução de controvérsias, exceto se em algum desses acordos se dispuser de forma diversa, tal como estipula o art. 2, 1.

Conforme o Acordo Constitutivo da OMC, as funções do Órgão de Solução de Controvérsias são desempenhadas pelo próprio Conselho da OMC, que se reunirá quando assim se fizer necessário. Dessa forma se acentua o caráter integrado do sistema de solução de controvérsias com relação a qualquer matéria coberta pelos acordos que constituem todo o Ordenamento no âmbito da OMC.

Quando em uma mesma controvérsia incidirem regras e procedimentos de mais de um acordo, o conflito entre estes dispositivos, caso não haja consenso entre as partes envolvidas, será resolvido pelo presidente do OSC, por solicitação de um dos Membros e consultando-se as partes envolvidas, para então determinar as regras e procedimentos a serem seguidos. O presidente do OSC deve observar o princípio de que as normas especiais prevalecem sobre as normas do Entendimento, de caráter mais genérico, que são aplicadas sempre que se fizer necessário para evitar o conflito de normas, quando a mesma controvérsia for aplicada a mais de um acordo, como dispõe o art. 1, 2. As decisões do OSC, quando assim couber, serão tomadas por consenso, determina o art. 2, 4.

5.2.2. Disposições Gerais

As disposições gerais estabelecidas no art. 3 contêm regras de caráter genérico de grande importância para o funcionamento do Sistema de Solução de Controvérsias. Preliminarmente, é confirmada "a adesão dos Membros aos princípios de solução de controvérsias aplicados até o momento com base nos artigos XXII e XXIII do GATT 1947 e ao procedimento elaborado e modificado pelo presente instrumento".

Os Membros também confirmam a utilidade do sistema de solução de controvérsias para:

- a segurança e a previsibilidade do sistema multilateral de comércio;

- a preservação de direitos e obrigações dos Membros conforme os acordos abrangidos;
- a elucidação dos dispositivos acordados, segundo as normas de interpretação do direito internacional público.

Ressalvam, entretanto, que as recomendações do Órgão de Solução de Controvérsias não podem, como conseqüência, aumentar ou reduzir direitos e obrigações cobertos por esses acordos.

Ao Membro que se considere de alguma forma prejudicado por medidas tomadas por outro Membro em relação aos benefícios diretos ou indiretos advindos dos acordos, é assegurado o direito a uma solução rápida e satisfatória. O equilíbrio de direitos e obrigações entre os Membros deverá ser restabelecido pelo OSC através de decisões e recomendações que deverão estar em conformidade com os dispositivos do Entendimento e dos acordos correspondentes, segundo os parágrafos 3 e 4.

A compatibilidade das soluções resultantes da aplicação das normas do Entendimento (incluindo-se os laudos arbitrais, para as questões em litígio), com o Acordo da OMC e Anexos é reafirmada no parágrafo 5. Este dispositivo também reforça a determinação contida no art. 3-2 de que as soluções encontradas não tenham como conseqüência anulação ou prejuízo, para qualquer Membro, dos benefícios e, adicionalmente, dos objetivos garantidos pelos acordos. Este artigo estabelece, além disso, explica Ernst-Ulrich Petersmann[79], a primazia dos

---

[79]. Cf. PETERSMANN, Ernst-Ulrich. *Op. cit.*, p. 57.

dispositivos legais da OMC na solução de disputas bilaterais entre os Membros, também realçada no art. 23, que versa sobre o fortalecimento do sistema multilateral.

A obrigação de notificar o OSC e os Conselhos e Comitês sobre a solução acordada para as questões relativas aos acordos ao amparo da OMC, segundo o parágrafo 6, e o direito dos Membros de argüir a matéria em controvérsia garantem a integridade e a transparência do ordenamento jurídico da OMC.

Ademais, a presunção de anulação ou prejuízo pelo não-cumprimento de obrigação estabelecida em qualquer dos acordos abrangidos, com conseqüente violação de suas normas, é de antemão firmada no parágrafo 8. Caberá, portanto, ao Membro reclamado a prova de que tal medida não acarretou nenhum dano.

Dispõe o parágrafo 9:

> As disposições do presente Entendimento não prejudicarão o direito dos Membros de buscar interpretação autorizada das disposições de um acordo abrangido através das decisões adotadas em conformidade com o Acordo Constitutivo da OMC ou um acordo abrangido que seja um Acordo Comercial Plurilateral.

O artigo 9 do Acordo Constitutivo da OMC prescreve que as interpretações autorizadas deste acordo ou dos Acordos Multilaterais são de competência exclusiva da Conferência Ministerial e do Conselho Geral e as decisões serão adotadas por maioria de três quartos de votos.

Ernst-Ulrich Petersmann[80] destaca a importância deste dispositivo para o esclarecimento das interpretações dos relatórios dos grupos especiais e do Órgão de Apelação, "que podem ou não evoluir para uma interpretação geralmente aceita", dada a sua "adoção quase automática" pelo OSC.

A natureza não-contenciosa das solicitações de conciliação e dos procedimentos de solução de controvérsias é destacada no parágrafo 10, e o parágrafo 11 determina a aplicação do Entendimento somente às solicitações de consultas apresentadas após 1º de janeiro de 1995 (entrada em vigor do Acordo Constitutivo da OMC). As solicitações de consultas baseadas no GATT 1947 ou em qualquer outro acordo anterior a essa data serão regidas pelas normas e procedimentos de solução de controvérsia em vigor imediatamente antes de 1º de janeiro de 1995.

O tratamento preferencial dispensado aos países em desenvolvimento é levado em consideração no parágrafo 12, que concede o direito de recorrer às determinações da Decisão de 5 de abril de 1966, por um Membro em desenvolvimento, alternativamente ao procedimento contido nos artigos 4, 5 e 6 e 12 do Entendimento, quando da apresentação de uma reclamação fundamentada em qualquer dos acordos abrangidos. As normas e procedimentos estabelecidos na Decisão prevalecerão sobre os artigos referidos acima, em caso de conflito.

---

80. Ibidem, p. 57.

5.2.3- As Consultas e os Métodos Diplomáticos de Composição de Conflitos

A celebração de consultas bilaterais entre as partes está prevista no artigo XXII do GATT 1947 para qualquer questão que envolva a aplicação do Acordo. O art. 1 do GATT 1994, que figura no Anexo 1 (a) do Acordo Constitutivo da OMC, mantém o texto do GATT 1947 e, portanto, a prática da realização de consultas do art. XXII.

As consultas obrigatórias e automáticas têm por finalidade evitar o estabelecimento de um grupo especial e todo o procedimento daí resultante, através de uma solução mutuamente satisfatória, de conformidade com o acordo concernente, como determina o art. 4, 5.

Os entendimentos anteriores davam ênfase à solução de aceitação mútua, prevalecendo sobre o interesse da consonância dessa solução com as normas do GATT. Tal consonância foi realçada no novo Entendimento, principalmente no art. 3, 2, como de importância fundamental para a integridade do sistema[81].

A solicitação de consultas deve ser respondida dentro de 10 dias da data de recebimento desta pelo Membro destinatário, e as consultas deverão se iniciar no máximo em 30 dias, contados da mesma data. Não se verificando qualquer das duas alternativas e não havendo um prazo diferente mutuamente acordado, o Membro que tiver proposto a consulta poderá solicitar o estabelecimento do grupo especial, consoante o art. 4, 3. O prazo para a

---

81. Cf. FRATALOCCHI, Aldo e ZUNINO, Gustavo. *Op. cit.*, p. 56.

duração das consultas é de 60 dias a partir da data de solicitação, que, se ultrapassado sem solução satisfatória, enseja o direito à parte reclamante de requerer que tal solicitação seja examinada por um grupo especial, conforme o art. 4, 7. Esse prazo para os casos de urgência, que já havia sido reduzido na Decisão de 1989 para 30 dias[82], sofreu nova redução, agora para 20 dias, de acordo com o art. 4, 8.

O tratamento diferenciado, dispensado aos países em desenvolvimento, é recomendado também durante as consultas no parágrafo 10, que determina atenção especial aos problemas e interesses desses países.

O direito de terceiros à participação nas consultas é garantido no parágrafo 11 sob duas condições: a primeira exige que a pretensão se baseie em algum interesse substancial; a segunda, que o Membro ao qual foi solicitada a consulta entenda que essa pretensão tenha fundamento. Essa previsão, introduzida no novo Entendimento, lembra Miquel Montaña Mora[83], inexiste no art. XXII do GATT 1947. O Membro que entendesse, na vigência desse acordo, ter alguma reclamação relativa à aplicação de qualquer acordo deveria fazer uma solicitação formal de consultas.

Os recursos de bons ofícios, conciliação e mediação, de adoção voluntária pelas partes, já tinham sido aperfeiçoados na decisão de 1988 e se revestem de caráter confidencial. Podem ser solicitados e iniciados em qualquer momento, prorrogados de comum acordo entre as partes, mesmo após o início de um grupo especial, e não existe

---

82. Cf. MORA, Miquel Montaña. *Op. cit.*, p. 121.
83. Ibidem, p. 121.

prazo determinado para a sua finalização. Entretanto, um grupo especial só será constituído se, tendo sido iniciado qualquer dos métodos alternativos dentro de 60 dias contados do recebimento da solicitação de consultas, após o encerramento deste prazo as partes considerarem que a solução obtida através de um desses métodos não foi mutuamente satisfatória. Ainda, havendo acordo entre as partes, bons ofícios, conciliação e mediação poderão ter prosseguimento durante os procedimentos do grupo especial, segundo os artigos 5, 4 e 5, 5.

Segundo estipula o art. 5, 6, o Diretor Geral poderá oferecer seus bons ofícios, conciliação ou mediação às partes, com o intuito de auxiliar na resolução da controvérsia.

5.2.4. Os Grupos Especiais

Persistindo insolúvel a questão durante a fase de consultas, o Membro reclamante poderá solicitar o estabelecimento de um grupo especial. Esse direito está afirmado no Entendimento e somente o consenso alcançado na reunião do OSC poderá impedir o seu estabelecimento, tal como se lê no art. 6, 1. Tal consenso inclui a parte reclamante que, nessa hipótese, terá desistido de seu direito de ação. Este dispositivo constitui inovação da reforma ao procedimento geral que resultou no novo Entendimento, como também se inovou na redução para 15 dias da data da solicitação da parte (nota 5) para a realização de uma reunião pelo OSC, visando à maior celeridade do procedimento[84].

---

[84]. Ibid., p. 122.

Os grupos especiais adotarão, a menos que se decida o contrário após consulta entre as partes, o procedimento de trabalho, detalhado no Apêndice 3 do Entendimento, o qual garante caráter confidencial aos documentos examinados e às reuniões, que serão fechadas, só se admitindo a presença das partes em controvérsia e terceiros interessados a convite do grupo especial. Os relatórios dos grupos especiais são redigidos na ausência das partes e os pareceres dos especialistas são divulgados com os relatórios, preservando-se o anonimato dos pareceristas, como dispõe o art. 14. A parte que fornecer ao grupo especial argumentações confidenciais deverá fornecer uma versão resumida não-confidencial dessa argumentação, conforme o parágrafo 3 do Apêndice 3.

As terceiras partes que possuam interesse na controvérsia deverão notificar o OSC e serão convidadas por escrito a apresentar as suas deliberações, segundo prescreve o parágrafo 6 do Apêndice 3.

Para garantir transparência, quaisquer argumentações orais deverão ser feitas na presença das partes e, se escritas, deverão ser colocadas à disposição das outras partes, inclusive comentários ao relatório ou respostas às questões formuladas pelo grupo especial.

O grupo especial tem direito de questionar as partes sobre o assunto debatido oralmente ou por escrito, no momento em que julgar necessário.

O prazo para a divulgação do relatório não deve exceder de seis meses da data do estabelecimento do grupo especial e, se houver urgência, esse prazo é reduzido para três meses, reza o art. 12, 8. Tal prazo poderá ser estendido quando o grupo especial o considere insuficiente, desde que informe fundamentadamente ao OSC, com nova estimativa para a divulgação do relatório, que não poderá exceder a nove meses, como determina o art. 12, 9. Os grupos especiais deverão estipular prazos definidos às partes para apresentar sua argumentação e estes deverão ser obedecidos pelas partes, segundo o art. 12, 5. Tais dispositivos visam à maior celeridade processual.

O grupo especial, na hipótese de não haver chegado a uma solução mutuamente satisfatória para as partes, deverá apresentar relatório detalhando os fatos, a aplicabilidade e a fundamentação de suas argumentações, conforme o art. 12, 7.

O Entendimento de 1979, informa Miquel Montaña Mora[85], por exigir apenas que o grupo especial fundamentasse suas recomendações, permitiu que os grupos especiais, devido à flexibilidade do texto, apresentassem recomendações de difícil justificativa de um ponto de vista estritamente jurídico, para os casos mais complicados. A exigência veio ao encontro da obrigação de apresentar um relatório com um texto claro, para facilitar o exame pelo Órgão de Apelação, encarregado de controlar a aplicação e interpretação das normas dos acordos pelos grupos especiais.

Os direitos de terceiros interessados são levados em consideração e, sempre que um Membro tenha notificado o OSC de seu interesse concreto no assunto, será ouvido pelo grupo especial, podendo apresentar comunicações escritas, fornecidas às partes e constantes do relatório do grupo especial. A documentação apresentada durante as reuniões é acessível a todos e colocada à

---

85. Ibid., p. 134.

disposição dos terceiros que, entendendo que uma medida já examinada por um grupo especial anula ou prejudica benefícios para ele resultantes de um acordo, podem recorrer aos procedimentos de solução de controvérsias, os quais deverão, sempre que possível, estar submetidos ao grupo especial que inicialmente tenha conhecido a controvérsia, como se lê no art. 10, 1, 2, 3, 4.

Em relação aos países em desenvolvimento, o Entendimento estabelece que as determinações para um tratamento diferenciado e mais favorável devem ser levadas explicitamente em conta nos relatórios divulgados pelo grupo especial.

Controvérsias sobre o mesmo assunto que envolvam mais de um Membro devem ser examinadas por um único grupo especial e mantida a sua composição, sempre que possível. Segundo o art. 9, 1, 2 e 3, o exame das reclamações pelo grupo especial único deve ser realizado de maneira a não prejudicar os direitos que caberiam às partes em controvérsia se essas reclamações tivessem sido examinadas em separado, por vários grupos especiais.

As atividades do grupo especial podem ser suspensas, a pedido da parte autora da reclamação, por prazo não superior a 12 meses. Ultrapassado esse prazo, o trabalho do grupo especial é considerado sem efeito e encerrado, conforme o art. 12, 12. O dispositivo se justifica pelo fato de, em vários grupos especiais, a inatividade da parte ter prorrogado em demasia essa suspensão, revelando a desistência de fato da parte em prosseguir com a reclamação. O procedimento de solução de controvérsias, até a apresentação do relatório pelo grupo especial, somente pode prosseguir, segundo o princípio da rogação, pela participação das partes[86].

5.2.5. O Procedimento do Grupo Especial e a Adoção de seus Relatórios

O procedimento inclui a distribuição às partes interessadas de um esboço de relatório preliminar do grupo especial para que façam comentários por escrito. Esgotado o prazo para o recebimento dos comentários, é distribuído às partes o relatório provisório do grupo especial. Na redação do art. 15, 2: "Dentro de um prazo fixado pelo grupo especial, qualquer das partes poderá apresentar por escrito solicitação para que o grupo especial reveja aspectos específicos do relatório provisório antes da distribuição do relatório definitivo aos Membros".

O relatório final reflete a análise dos argumentos oferecidos na etapa intermediária do exame. Às partes é dada ciência do entendimento do grupo especial sobre a questão, antes da elaboração do relatório final que será entregue ao OSC, segundo o art. 16, 1, 2 e 3. Espera-se que esta revisão intermediária garanta a qualidade legal do relatório final, evitando que qualquer argumentação relevante seja esquecida, reduzindo, dessa forma, o risco de sentenças imprevisíveis.[87]

A adoção do relatório do grupo especial pelo OSC se processa de maneira quase automática. Nesse sentido, o parágrafo 4 do art. 16 estipula:

---
[86]. Ibid., p. 137.
[87]. Cf. PETERSMANN, Ernst-Ulrich. *Op. cit.*, p. 63.

Dentro dos 60 dias seguintes à data de distribuição de um relatório de um grupo especial a seus Membros, o relatório será adotado em uma reunião do OSC a menos que uma das partes na controvérsia notifique formalmente ao OSC de sua decisão de apelar ou que o OSC decida por consenso não adotar o relatório.

A exigência de consenso para a não-adoção dos relatórios exige inclusive que assim decida o próprio demandante, o que é improvável, porque, nesse caso, estaria desistindo da reclamação. Conseqüentemente, não havendo a intenção de apelar, a regra do consenso negativo torna quase certa a aprovação do relatório, impedindo o retardamento da aprovação dos relatórios dos grupos especiais através do bloqueio, pelas partes. Nesse sentido, o grupo especial sai fortalecido ante a perda de influência política do OSC. A regra do consenso negativo dota os membros do grupo especial de independência, concorrendo para a "legalização" e "quase judicialização" do procedimento de solução de controvérsias, pois elimina o risco de um bloqueio político ao relatório.

Havendo a notificação de uma das partes de sua intenção de apelar, o relatório do grupo especial não será adotado até a conclusão da apelação. O texto do artigo reproduz basicamente o que foi resolvido na Decisão de 1989, informa Miquel Montaña Mora[88], divergindo unicamente quanto à redução do prazo concedido ao OSC para aprovar os relatórios, de 30 dias, conforme a Decisão, para 20 dias, no novo Entendimento.

---

88. Cf. MORA, Miquel Montaña. *Op. cit.*, p. 136.

5.2.6. Apelação

Se o grupo especial não apresentar solução mutuamente satisfatória, quase certamente uma das partes apelará ao OSC. A apelação é considerada, além da aprovação quase automática dos relatórios do grupo especial e do Órgão de Apelação pelo OSC, uma modificação importante do novo Entendimento em relação ao procedimento tradicional, formalizado no Entendimento de 1979[89].

Na apelação serão examinadas apenas as questões de direito e as interpretações jurídicas desenvolvidas no relatório do grupo especial, consoante o art. 17, 6 e 12. Somente as partes em controvérsia podem apelar, sendo excluídos terceiros interessados. Entretanto, o art. 17, 4 reforça a regra do artigo 10, 2, que assegura ao terceiro, desde que tenha notificado o OSC, o direito de apresentar comunicações ao OSC e ser por ele ouvido. O terceiro também pode recorrer aos procedimentos de solução de controvérsias caso se considere prejudicado por alguma medida já examinada pelo grupo especial, conforme lhe é facultado pelo art. 10, 4.

À fase de apelação é dedicado, em regra, um período de 60 dias a partir da data da notificação formal da decisão de apelar até a distribuição do relatório pelo Órgão de Apelação. Qualquer prorrogação do prazo deverá ser notificada ao OSC por escrito, fundamentadamente, com a estimativa do novo prazo que o Órgão de Apelação entenda suficiente. Esse prazo, no entanto, não poderá ser superior a 90 dias, segundo o art. 17, 5.

---

[89] Ibidem, p. 126.

As decisões do grupo especial, se apeladas, conforme parágrafo 6, podem ser confirmadas, modificadas ou revogadas pelo Órgão de Apelação, cujas atividades são revestidas de caráter confidencial. Os relatórios são redigidos na ausência das partes e as opiniões emitidas por seus especialistas constam dos relatórios, mas são anônimas, como determina o art. 17, 10, 11, 12 e 13.

O Órgão de Apelação é constituído por sete integrantes escolhidos pelo OSC e, destes, apenas três se dedicarão a examinar cada apelação, atuando alternadamente, conforme o procedimento estabelecido pelo próprio Órgão de Apelação. O mandato é de quatro anos, renovável apenas uma vez. Seus integrantes são substituídos parceladamente. O dispositivo determina que, inicialmente, três integrantes nomeados imediatamente após a entrada em vigor do Acordo da OMC, têm seu mandato findo após dois anos e, a partir daí, os cargos são preenchidos à medida que fiquem vagos. Qualquer substituição realizada para preencher um mandato incompleto deverá durar até o seu término. Esta determinação visa dar continuidade à equipe que atuará no Órgão de Apelação, de acordo com o art. 17, 1, 2.

Para compor o Órgão de Apelação são escolhidas "pessoas de reconhecida competência, com experiência comprovada em direito, comércio internacional e nos assuntos tratados pelos acordos abrangidos em geral". Estas "não podem estar vinculadas a qualquer governo e não participarão de qualquer controvérsia em que estejam submetidas a conflitos de interesse direto ou indireto". Deverão ter disponibilidade permanente e manter-se a par das atividades da OMC, em especial das atividades relativas à solução de controvérsias, conforme dispõe o art. 17, 3. Estas condições refletem uma maior tendência do sistema à imparcialidade e a uma maior caracterização judicial.

A par da novidade introduzida no procedimento tradicional de solução de controvérsias, resta ainda sanar algumas deficiências. Assim, conforme alerta Ernst-Ulrich Petersmamm[90], os governos que "perderam" na fase de exame do grupo especial podem ser submetidos à pressão política e apelar, de modo a retardar a sentença desfavorável do grupo especial e, dessa forma, o recurso à apelação pode ser usado em um grande número de casos. A longo prazo, enfraquece-se a autoridade dos relatórios dos grupos especiais. Esta situação poderia também levar à conclusão de que o acesso direto ao Órgão de Apelação deveria ser permitido aos governos, de modo a evitar que tenham de despender esforços e tempo em um procedimento preliminar ao relatório final do Órgão de Apelação.

Nesse mesmo sentido, Miquel Montaña Mora[91] também atenta para o risco de que a apelação se converta em um procedimento ordinário definitivo para resolver a questão, sobrecarregando o Órgão de Apelação e tornando o procedimento mais moroso. Assim, o objetivo das reformas de dotar o procedimento de maior eficiência e rapidez se frustraria. O mesmo autor destaca ainda que a natureza jurisdicional das funções do Órgão de Apelação, que o equipara a um tribunal internacional, significa uma mudança radical para uma solução "mais legalista", induzindo a necessidade de se respeitar com rigor os

---

90. Cf. PETERSMANN, Ernst-Ulrich. *Op. cit.*, p. 66.
91. Cf. MORA, Miquel Montaña. *Op. cit.*, p. 130.

preceitos do direito, nos relatórios dos grupos especiais. Nesse aspecto, conclui, deveria ser exigido que os grupos fossem integrados apenas por juristas. Ainda, o direito dos Membros de emitir opiniões sobre o relatório do Órgão de Apelação enfraqueceria a autoridade desse órgão. Além disso, a adoção quase automática desses relatórios poderia não ser interessante quando a divergência tivesse uma natureza mais política, ou quando fosse importante dar atenção a ponderações de cunho não jurídico para aliviar tensões dentro da organização. Nesses casos, a tendência legal de uma solução baseada estritamente no direito poderia tornar-se um obstáculo[92].

5.2.7. Supervisão e Aplicação das Recomendações e Decisões

A implementação das recomendações do grupo especial ou Órgão de Apelação pela parte vencida é regulada no art. 21 do Entendimento de Solução de Controvérsias. Este dispositivo veio sanar problemas apontados pelo Diretor Geral da OMC em seu relatório anual, datado de novembro de 1991, quanto à aplicação do procedimento, problemas estes relacionados com o cumprimento condicional ou parcial das recomendações[93].

No sentido de se estabelecer controle mais efetivo sobre o processo de implementação das decisões e recomendações, estabeleceu-se que na reunião do OSC

---
92. Ibidem, p. 133.
93. Ibid., p. 141-142.

que se realizar dentro de 30 dias da data em que foi adotado o relatório do grupo especial ou do Órgão de Apelação, ou, na falta de previsão desta, em reunião convocada com este propósito, deverão ser comunicadas ao OSC, pelo Membro vencido, as medidas que pretenda pôr em prática para atender às decisões e recomendações do OSC, como se lê no art. 21, 3 e nota 11.

Na impossibilidade de aplicação imediata das decisões ou recomendações poderá ser concedido prazo razoável para que o Membro afetado possa cumpri-las. Os critérios para a fixação desse prazo são:

> a) o prazo proposto pelo próprio Membro destinatário das medidas, se aprovado pelo OSC; ou
> b) prazo não superior a 45 dias da data da adoção das decisões e recomendações, estabelecido através de acordo entre as partes; ou
> c) prazo fixado através de arbitragem compulsória em 90 dias a contar da data da adoção das recomendações e decisões. O prazo sugerido como diretriz para o árbitro não deverá ser maior que 15 meses a partir da data de adoção do relatório do grupo especial ou do Órgão de Apelação, mas poderá ser maior ou menor, dependendo do caso concreto, conforme o art. 21, 3.

Ficou estabelecido também que, com as exceções previstas no parágrafo 9 do art. 12 ou no parágrafo 5 do art. 17, o período entre a data de constituição do grupo especial pelo OSC e a data de fixação não deve ser superior a 15 meses, exceto se as partes dispuserem de forma diferente, segundo o art. 21, 4.

Para resolver o problema relativo à implementação inadequada ou incompleta pelo Membro concernente, o Entendimento estabelece que o desacordo quanto à existência de medidas praticadas para o cumprimento das recomendações e decisões ou a sua compatibilidade com o acordo respectivo deverá ser resolvido de conformidade com o procedimento de solução de controvérsias. Para isto será indicado, na medida do possível, o mesmo grupo especial que primeiramente examinou a questão, o qual deve apresentar o seu relatório dentro de 90 dias a partir da data em que esta lhe foi submetida. O prazo poderá ser prorrogado, desde que o grupo especial informe por escrito ao OSC os motivos pelos quais considera impossível o cumprimento de tal prazo, fornecendo nova estimativa para a data de entrega do seu relatório, como dispõe o art. 21, 5.

Ao Órgão de Solução de Controvérsias caberá a supervisão e a vigilância da aplicação das recomendações e decisões, e o Membro afetado deverá fornecer relatório escrito, informando o andamento da implementação das recomendações e decisões, com antecedência de 10 dias de cada reunião do OSC.

Questões sobre a implementação das recomendações e decisões poderão ser levadas ao OSC por qualquer Membro, após a sua adoção, e serão incluídas, via de regra, na reunião realizada seis meses após a data de definição do prazo razoável, permanecendo agendada até a sua resolução, de acordo com o art. 21, 6.

Questões envolvendo um país em desenvolvimento serão avaliadas pelo OSC considerando-se o alcance comercial e o impacto da matéria em pauta na economia.

O OSC também examinará outras providências adequadas às circunstâncias, consoante o art. 21, 7 e 8.

5.2.8. Compensação e Suspensão de Concessões

O Entendimento de Solução de Controvérsias, no parágrafo 7 do art. 3, afirma que "o objetivo do mecanismo de solução de controvérsias é garantir uma solução positiva para as controvérsias". Para cumprir essa meta, o Entendimento dá prioridade a uma solução satisfatória para ambas as partes, mas impõe, no sentido de preservar a integridade do Sistema Multilateral de Comércio da OMC, que esta não esteja em conflito com as normas dos Acordos que o compõem.

A segunda alternativa, adotada na impossibilidade da primeira, é a supressão da medida inconsistente. Finalmente, o recurso à compensação somente será permitido na falha das duas primeiras e, mesmo assim, provisoriamente, até que a medida controvertida seja eliminada. A última opção e a mais grave, segundo a gradação do art. 3, é a suspensão da aplicação de concessões ou o cumprimento de outras obrigações oriundas dos acordos correspondentes, de maneira discriminatória contra o outro Membro, desde que autorizado pelo OSC. A compensação e a suspensão, conforme reguladas pelo artigo 22, seguem esse critério.

O caráter provisório e subsidiário da compensação é destacado em função da maior relevância atribuída à correção da medida irregular, que é, inclusive, reforçada nos parágrafos 8 e 9 do mesmo artigo.

Nesse contexto, estabelece o dispositivo:

1) A compensação e a suspensão de concessões ou de outras obrigações são medidas temporárias disponíveis no caso de as recomendações e decisões não serem implementadas dentro do prazo razoável.
2) No entanto, nem a compensação nem a suspensão de concessões ou de outras obrigações é preferível à total implementação de uma recomendação com o objetivo de adaptar uma medida a um acordo abrangido.
3) A compensação é voluntária e, se concedida, deverá ser compatível com os acordos abrangidos, tal como determina o art. 22, 1.

Com vistas a assegurar que a compensação seja satisfatória para ambas as partes envolvidas, dentro do prazo razoável, o Entendimento prevê negociações entre as partes reclamantes e o Membro correspondente. A compensação deverá ser acordada em um período de até 20 dias a partir da data em que o prazo razoável se tenha esgotado. Caso contrário, caberá ao OSC, a pedido de qualquer parte reclamante, autorizar a suspensão da aplicação de concessões resultantes do acordo respectivo ao Membro afetado.

A suspensão de concessões obedecerá aos princípios discriminados no art. 22, 3. Assim, primeiramente serão suspensas "as concessões ou outras obrigações relativas ao(s) mesmo(s) setor(es) em que o grupo especial ou o Órgão de Apelação haja constatado uma infração ou outra anulação ou prejuízo" ou, se isto não for possível, "em outros setores abarcados pelo mesmo acordo abrangido"; e, finalmente, se isto também for impraticável e, em circunstâncias suficientemente graves, a parte "poderá procurar suspender concessões ou outras obrigações abarcadas pelo acordo abrangido". No entanto o OSC, ao autorizar a suspensão das concessões ou outras obrigações, o fará observando a equivalência de tal suspensão com a anulação ou prejuízo, como se lê no art. 22, 4.

A aplicação dos princípios que governam a suspensão das concessões ou outras obrigações oriundas dos acordos respectivos também deverá ser consistente com a avaliação do comércio ou setor a que se destina tal medida e com a sua importância para a parte. Também deverão ser levados em consideração "os elementos econômicos mais gerais relacionados com a anulação ou o prejuízo e as conseqüências econômicas mais gerais da suspensão de concessões ou outras obrigações", conforme dispõe o art. 3, (d), (i) e (ii).

A suspensão de concessões encontra seu fundamento no art. XXIII, 2 do GATT, mas inova, no art. 22 do ESC, quanto à exigência de equivalência com a anulação ou prejuízo, em relação à discricionariedade que tinham as partes no antigo regime do GATT, na quantificação das suspensões ou concessões ou de outra obrigação resultante do Acordo e na avaliação das circunstâncias apropriadas a uma tal decisão[94].

5.2.9. Arbitragem

A regra do consenso negativo estabelecida no art. 22, 6 gera direito quase automático para o reclamante de receber a autorização do OSC para a suspensão de

---

[94]. Cf. PETERSMANN, Ernst-Ulrich. *Op. cit.*, p. 70.

concessões, após 30 dias seguintes ao término do prazo razoável. No entanto, ao Membro atingido resta o recurso à arbitragem, se alegar que os princípios e procedimentos recomendados no parágrafo 3 não foram respeitados ou que o nível da suspensão é inadequado, nos casos em que a autorização para suspender concessões envolver outros setores ou acordos diversos do setor ou acordo abrangidos.

Até que a arbitragem realizada pelo grupo especial original ou por um árbitro nomeado pelo Diretor Geral termine, as concessões e outras obrigações não poderão ser suspensas. A arbitragem deverá ser finalizada em 60 dias após a expiração do prazo razoável.

O objetivo do procedimento arbitral é verificar a equivalência entre as concessões ou obrigações suspensas e o grau de anulação ou prejuízo sofrido ou se a medida encontra amparo no acordo abrangido, e não o exame da natureza dessas concessões ou suspensões. Somente a reclamação dirigida ao não cumprimento dos princípios estabelecidos no parágrafo 3 estará sujeita ao exame do árbitro.

Miquel Montaña Mora[95] alerta para o risco de que a aplicação da regra do consenso negativo nessa etapa possa ter como conseqüência o aumento da utilização de medidas de retaliação. Além disso, a aplicação de medidas de retaliação só seria eficiente se adotada por uma parte contra outra de poder econômico semelhante. As medidas de retaliação têm que causar um prejuízo maior que o proveito obtido pelo não-cumprimento das reco-

---

95. Cf. MORA, Miquel Montaña. Op. cit., p. 147.

mendações pela parte destinatária de tais medidas. Entre um país de pequeno poder econômico e um país poderoso, estas medidas não seriam efetivas. Além disso, as medidas de retaliação são prejudiciais também para a parte autora. Há ainda o risco de uma medida de retaliação que tem caráter subsidiário e provisório se tornar definitiva ante o insucesso em obter, da parte vencida, o cumprimento das recomendações.[96]

A arbitragem é um método alternativo e mais rápido de se resolver uma disputa e está regulada no Entendimento, que mantém os dispositivos acordados na Decisão de 1989, Melhoras das Regras e Procedimentos de Solução de Controvérsias do GATT[97]. Determina o artigo 25, 2 que o recurso à arbitragem e seu procedimento são acordados pelas partes que, no entanto, devem, com antecedência, notificar todos os Membros sobre a decisão de recorrer. Tais Membros podem também ser parte da arbitragem desde que haja a concordância das partes que inicialmente se submeteram à arbitragem, segundo o art. 25, 3.

O laudo arbitral deverá obrigatoriamente ser cumprido e não poderá afetar os direitos e obrigações dos outros Membros e como há a possibilidade de serem afetados direitos e obrigações de outros Membros, os laudos arbitrais são enviados ao OSC e ao Conselho pertinente, possibilitando que qualquer Membro apresente questões relativas aos temas abordados.

---

96. Ibidem, p. 147-149.
97. Ibid., p. 149 e PETERSMANN, Ernst-Ulrich. *Op. cit.*, p. 71.

Os laudos arbitrais também são submetidos aos procedimentos do art. 21, no que couber, e a eles se aplicam, inclusive, as regras sobre compensação e suspensão das concessões do art. 22.

6. O conceito de anulação ou prejuízo dos benefícios

6.1. O Procedimento de Solução de Controvérsias Constante do ESC e o Conceito de Anulação ou Prejuízo dos Benefícios

O Sistema de Solução de Controvérsias estruturou-se desde o início da vigência do Acordo Geral de Tarifas Aduaneiras e Comércio em um procedimento de caráter genérico baseado nos artigos XXII e XXIII do Acordo. Outros dispositivos regulando o assunto com relação a questões mais específicas, como restrições sobre o balanço de pagamentos (matéria do art. XVIII, 12) e as controvérsias relacionadas com a consistência dos acordos sobre a união aduaneira e a área de livre comércio, não impedem, contudo, o recurso ao procedimento mais genérico do art. XXIII[98].

---

[98]. Cf. PETERSMANN, Ernst-Ulrich. *Op. cit.*, p. 36.

O artigo XXII do GATT, que regulamenta o direito à realização de consultas em matéria concernente à aplicação do Acordo, foi desenvolvido e detalhado, como já visto anteriormente, no art. 4 do Entendimento Sobre Solução de Controvérsias da OMC, e se constitui no passo inicial para solucionar qualquer conflito no âmbito dos Acordos da OMC, seja através dos métodos diplomáticos, seja utilizando-se o método jurisdicional.

O Entendimento também apresenta um procedimento de caráter jurisdicional para a aplicação do art. XXIII, regulamentando uma prática desenvolvida desde 1952, quando se substituíram os grupos de trabalho pelos grupos especiais, mais técnicos e independentes, o que fortaleceu em muito a confiabilidade do sistema de solução de controvérsias na vigência do GATT. O Entendimento avançou ainda mais em direção a uma maior jurisdicionalidade e operacionalidade, principalmente ao adotar duas medidas que se faziam necessárias: a inversão da regra do consenso (que passou a ser chamada consenso negativo, por ser necessária não para aprovar, mas para derrubar uma medida) e a introdução do direito de recorrer a uma instância superior, o Órgão de Apelação, das decisões e recomendações dos grupos especiais.

Todo esse arcabouço jurídico foi construído para fazer valer o direito intrínseco dos Membros de ter restabelecida uma situação alterada por qualquer medida que tenha como conseqüência, para qualquer Membro, anular ou prejudicar benefícios obtidos através dos diversos acordos que compõem o Ordenamento Jurídico da OMC.

O conceito de anulação ou prejuízo dos benefícios oriundos dos acordos é genérico para qualquer questão. Mesmo naqueles acordos que apresentam normas e procedimentos específicos, relacionados no Apêndice 2 do Entendimento de Solução de Controvérsias, o conceito de anulação é o núcleo de um direito voltado para o correto cumprimento dos acordos, dirimindo as questões sobre a aplicabilidade de suas normas, e garantindo o equilíbrio do sistema multilateral de comércio, pelo restabelecimento da equivalência entre as partes envolvidas. Como já ressaltado, a preocupação maior é evitar que permaneça a medida inconsistente e, portanto, prejudicial ao funcionamento harmonioso do sistema.

O Entendimento dispõe, inclusive, que em caso de conflito de normas especiais, o presidente do Órgão de Solução de Controvérsias determina a norma aplicável ao caso concreto, de acordo com as regras e procedimentos de caráter mais genérico estabelecidas no ESC, consoante o art. 1, 2.

6.2. A Proteção das Concessões e dos Benefícios: o Art. XXIII, 1 do GATT

A proteção das concessões e dos benefícios oriundos dos acordos é objeto do art. XXIII, que, em seu parágrafo 1, determina:

> No caso de uma parte contratante considerar que uma vantagem para si, resultante direta ou indiretamente deste Acordo, se encontra anulada ou comprometida, ou que a efetivação de um dos objetivos

do Acordo está sendo dificultada ou comprometida em conseqüência:
a) de uma parte contratante não satisfazer as obrigações que contraiu nos termos deste acordo; ou
b) de uma parte contratante aplicar uma medida, contrária ou não às disposições deste Acordo; ou
c) de existir uma outra situação,
a referida parte contratante poderá, com o fim de chegar a uma solução satisfatória da questão, apresentar representações ou propostas escritas à outra ou às outras partes contratantes que, em seu entender, estejam em causa. Toda parte contratante assim solicitada deverá examinar com compreensão as representações ou propostas que lhe tenham sido feitas.

O artigo determina dois fundamentos para que uma parte contratante possa recorrer às PARTES CONTRATANTES, se não tiver obtido, junto à parte reclamada, uma solução satisfatória:

1) a parte considera que alguma vantagem coberta pelo Acordo tenha sido anulada ou comprometida; e
2) a implementação de algum objetivo do Acordo está sendo dificultada.

Estes dois fundamentos, suficientes para que um Membro leve a questão às PARTES CONTRATANTES, se originam de:

a) violação dos termos do Acordo: a parte reclamada não satisfaz as obrigações contraídas; ou

b) aplicação de uma medida contrária **ou não** (grifo meu) às disposições do Acordo, pela outra parte contratante; ou
c) em qualquer outra situação.

Assim, o art. XXIII, 1, alínea b vai além de combater simplesmente a medida contrária ao acordo: protege os benefícios obtidos pelas partes de um acordo contra qualquer providência adotada pela outra parte, que, **sem se constituir em violação direta ou indireta aos dispositivos desse acordo, tenha como conseqüência a redução ou mesmo a eliminação dessa vantagem.** Nessa alínea b do artigo XXIII, 1 se configura o conceito de anulação ou prejuízo de benefícios, fundamental para a solução de controvérsias a partir de então.

Este artigo tem um enfoque original em relação às normas constantes dos tratados internacionais. Nestes, a sanção é dirigida para uma possível violação dos termos do tratado. Nesse sentido, podemos citar, como exemplo, o art. 60 da Convenção de Viena sobre o Direito dos Tratados, que permite à parte prejudicada, em caso de violação grave de um tratado bilateral, terminar o tratado ou suspender a obrigação total ou parcialmente. Nesse sentido dispõe também a Convenção da ONU sobre Contratos de Compra e Venda de Mercadorias — Uncitral — Viena 1980, que autoriza à parte prejudicada uma série de medidas na falta de execução de qualquer obrigação garantida pelo contrato ou pela Convenção[99].

---

[99] Cf. DOLINGER, Jacob e TIBURCIO, Carmem. *Vade-mécum de direito internacional privado*. Rio de Janeiro: Renovar,1966, p. 565.

Apesar disso, a possibilidade de uma parte prejudicada requerer compensação de prejuízos causados pela outra parte, em virtude de uma regra que não constitua por si só uma violação aos termos do acordo, não é exclusiva. Exclusiva é, no entanto, a distinção entre as causas da ação, que o art. XXIII, 2 (b) classifica como contrária e, portanto, ilegal, ou não contrária ou legal[100].

A anulação ou prejuízo de benefícios diretos ou indiretos do Acordo Geral, ou mesmo a imposição de dificuldades para a consecução dos objetivos deste, como causa para um recurso às PARTES CONTRATANTES, originou-se de acordos bilaterais firmados pelos Estados Unidos entre 1920 e 1940. Nesses acordos, os Estados Unidos procuravam proteger os benefícios, obtidos por uma das partes em virtude de um acordo, de serem anulados ou comprometidos por qualquer medida que, embora não contrariasse expressamente os dispositivos, resultasse prejudicial aos objetivos do acordo. À parte prejudicada era concedido o direito a uma compensação através de normas processuais dirigidas não só a corrigir as violações ao tratado, mas também a proteger as oportunidades comerciais geradas de uma medida nociva mas não proibida pelo tratado. Como último recurso, era permitido à parte que se considerasse prejudicada retirar-se do acordo, através de uma simples notificação. Nesse contexto, situavam-se a proteção dos benefícios resultantes de uma liberalização tarifária de algum ato

---

100. Cf. COTTIER, Thomas e SCHEFER, Krista Nadakavukaren. Non-Violation Complaints in WTO/GATT Dispute Settlement: Past, Present and Future. *In*: PETERSMANN, Ernst-Ulrich. *Op. cit.*, p. 149.

posterior não proibido, como, por exemplo, o estabelecimento de algum tipo de subsídio[101].

Na década de 1920, os tratados eram normalmente bilaterais e procuravam regular reduções de tarifas e restrições quantitativas. O pensamento positivista então prevalecia na interpretação dos tratados internacionais. Se não houvesse proibição expressa do acordo, a medida contestada era admitida pelos juízes, que se limitavam a uma interpretação restritiva do texto. Esse fato, somado aos objetivos ainda bastante limitados dos acordos, facilitou a proliferação de medidas cujos efeitos poderiam prejudicar a manutenção dos mesmos, mas que não eram proibidas explicitamente. O problema foi enfrentado pelas partes através de negociações relativas à medida reclamada entre as partes envolvidas, procurando-se restabelecer o equilíbrio de interesses rompidos. Então, a solução para esse problema passava por canais essencialmente diplomáticos.

Não havendo uma resposta considerada satisfatória para a parte reclamante, a esta só restava a possibilidade de retirar algumas concessões acordadas ou, mais drasticamente, denunciar o tratado[102].

Nesse contexto, qualquer alegação de que uma medida, independentemente de divergir dos termos do acordo correspondente, causasse anulação ou prejuízo em relação aos objetivos do mesmo deveria ser examinada sob uma ótica mais compreensiva e solidária. Isto se fazia necessário porque qualquer consulta sobre a inter-

---

[101] Cf. PETERSMANN, Ernst-Ulrich. *Op. cit.*, p. 37.
[102] Cf. COTTIER, Thomas e SCHEFER, Krista Nadakavukaren. *Loc. cit.*, p. 151.

pretação ou aplicação de algum dos termos de um acordo poderia converter-se em negociação sobre a própria preservação deste, já que sempre pairava a ameaça de que a parte insatisfeita denunciasse o tratado[103].

Nos anos precedentes ao GATT, de 1935 a 1940, os Estados Unidos negociaram 17 Acordos Comerciais Recíprocos, nos quais foram firmadas regras relativas ao tratamento de nação mais favorecida e à obrigação de dispensar aos produtos importados o mesmo tratamento proporcionado aos produtos nacionais, que, mais tarde, se tornaram princípios consagrados nos artigos I e II do Acordo Geral de Tarifas Aduaneiras e Comércio de 1947.

Estes acordos foram firmados entre os Estados Unidos e os países da Europa e da América do Sul e Central, e propiciavam à parte que se considerasse afetada por algum ato que causasse a anulação ou o prejuízo de benefícios a ela assegurados o direito de requerer, à parte responsável por este, a realização de consultas, mesmo se não houvesse infração a qualquer norma do acordo[104].

Não só os Estados Unidos, mas também os países europeus concluíram tratados que continham cláusulas admitindo reclamações baseadas em medidas sem infração aos acordos, conforme análise da Liga das Nações, datada de 1931[105].

---

103. Cf. ROESSLER, Frieder. The Concept of Nullification and Impairment in the Legal System of the World Trade Organization. *In*: PETERSMANN, Ernst-Ulrich. *Op. cit.*, p. 127.
104. Cf. COTTIER, Thomas e SCHEFER, Krista Nadakavukaren. *Loc. cit.*, p. 149.
105. Ibidem, p. 150.

Posteriormente, com a realização em 1948 da Conferência Internacional sobre Comércio e Emprego, cujas decisões foram sintetizadas na Carta de Havana, pretendeu-se instituir uma organização para gerir o comércio internacional dotada de um procedimento sobre solução de controvérsias. A Carta de Havana estabelecia um procedimento de arbitragem, no art. 93, 1 e 2, quando um membro considerasse

> que qualquer benefício para ele resultante direta ou indiretamente, implícita ou explicitamente, de qualquer das cláusulas desta carta que não o artigo 1, está sendo anulada ou restringida como resultado de:
> a) uma violação por um Membro de uma obrigação ao abrigo desta Carta (...) ou
> b) a aplicação por um Membro de uma medida não conflitante com as cláusulas desta Carta.[106]

Segundo o art. 94, 1, somente o Conselho Executivo estava autorizado a:

> dispensar o Membro ou Membros afetados da obrigação de outorgar concessões a qualquer outro Membro ou Membros ao abrigo desta Carta ou de acordo com ela, na extensão e sob condições que considerar apropriada e compensatória com relação aos benefícios que estão sendo anulados ou restringidos.

O Acordo Geral de Tarifas Aduaneiras e Comércio, estabelecido inicialmente com vigência provisória, mas

---

[106] Ibid., p. 152.

prorrogada em virtude de a Carta de Havana jamais ter entrado em vigor, adotou, com pequenas alterações, o sistema de solução de controvérsias da Carta[107].

A possibilidade de retirar-se de um tratado foi perdendo interesse e força para o membro que se considerasse de alguma forma prejudicado. O que era uma atitude bastante viável e provável para questões envolvendo relações bilaterais foi-se tornando impraticável à medida que as relações internacionais foram-se se transformando, com a celebração dos acordos multilaterais.

Esse processo intensificou-se após a Segunda Guerra Mundial, criando uma tal rede de interdependência entre os interesses das nações, que a denúncia do acordo traria certamente prejuízos maiores do que a permanência da parte em um acordo que considerasse lhe ser desfavorável, exceto para as nações economicamente mais poderosas, cuja retirada poderia desestabilizar ou mesmo tornar impraticável o tratado.

Restaram a compensação e a eliminação de concessões, como recursos a serem utilizados pela parte prejudicada. Durante os anos de vigência do GATT, estes recursos foram bastante empregados e se afirmaram, sendo mantidos inclusive quando finalmente foi criada a OMC, como instrumento para a proteção dos tratados, de medidas não expressamente proibidas, mas inconsistentes com os objetivos acordados.

As cláusulas 1 (b) e (c) do art. XXIII do GATT refletem a preocupação dos negociadores do Acordo Geral com situações posteriores não previsíveis, que poderiam transformar-se em potencial desestímulo para as

---

[107] Ibid., p. 149 e 153.

partes contratantes manterem o acordo. Dessa forma, estas cláusulas procuram até mesmo fornecer os meios adequados para superar os obstáculos surgidos por circunstâncias não previstas e, portanto, não reguladas no Acordo, mas cujos efeitos possam inutilizar acordos entre os Membros sobre uma redução recíproca de tarifas. Entre essas circunstâncias podem ser citadas medidas de caráter doméstico não existentes na data da celebração do acordo, mas adotadas posteriormente por uma das partes, tais como subsídios e imposição de taxas ou de medidas não tarifárias, com o intuito de dificultar o acesso do produto estrangeiro ao mercado doméstico.

Ao mencionar a possibilidade "de existir uma outra situação", na alínea c do parágrafo 1 do art. XXIII, os negociadores do acordo demonstraram a preocupação com os efeitos de uma recessão ou de uma crise monetária e de outros problemas macro-econômicos[108].

Houve críticas severas, considerando-se muito ampla a atribuição concedida às PARTES CONTRATANTES do GATT, que englobava inclusive situações ainda desconhecidas. A resposta a esse argumento foi ressaltar que o objetivo do art. XXIII era restabelecer uma situação equilibrada de concessões entre os Membros, mesmo face a circunstâncias imprevisíveis. Das PARTES CONTRATANTES, atuando como o conjunto de todos os Membros interessados na implementação e no fortalecimento do Acordo, esperava-se que fornecesse respostas razoáveis para as divergências entre os Membros, e que a soberania de nenhum país estaria comprometida,

---

[108]. Cf. ROESSLER, Frieder. *Loc. cit.*, p. 127, e PETERSMANN, Ernst-Ulrich. *Op. cit.*, p. 37.

pois, se um Membro se considerasse de alguma forma prejudicado por qualquer decisão, poderia, através de notificação, desligar-se após 60 dias contados a partir da data de tal notificação[109].

As reclamações levadas às PARTES CONTRATANTES durante os vários anos em que o Acordo esteve em vigor, em 90% dos casos se constituíram em reclamações fundamentadas em alguma violação que teve como resultado a anulação ou o prejuízo dos benefícios no âmbito do GATT. Número bem menos expressivo de reclamações baseou-se nos efeitos prejudiciais aos benefícios garantidos pelo Acordo, causados por medidas sem qualquer infração ao mesmo. Este número é ainda bem mais reduzido nas reclamações baseadas na alínea c do art. XXIII, que se refere de forma imprecisa a "outras situações". Além disso, não houve qualquer decisão do grupo especial fundamentada no art. XXIII, 1, alínea c ou na dificuldade na "efetivação de um dos objetivos do Acordo". Isso se justifica pela imprecisão dessas expressões[110].

6.3. A Compensação e Suspensão de Concessões, conforme o art. XXIII, 2 do GATT

O art. XXIII, 2 estabelece:

---

109. Cf. ROESSLER, Frieder. *Loc. cit.*, p. 127, referindo-se ao trabalho de Robert Hudec, intitulado *The GATT Legal System and World Tade Diplomacy*, publicado nos Estados Unidos, em 1990, por Butterworth Legal Publishers.
110. Cf. PETERSMANN, Ernst-Ulrich. *Op. cit.*, p. 37-38.

No caso de não se conseguir uma solução, num prazo razoável, entre as partes contratantes interessadas, ou no caso das dificuldades serem apontadas na alínea c do parágrafo 1 do presente artigo, a questão poderá ser levada perante as PARTES CONTRATANTES. Estas procederão, sem demora, a um inquérito a respeito de qualquer questão de que tenham assim conhecimento e, consoante o caso, dirigirão recomendações às partes contratantes que, em seu entender, estejam em causa, ou estatuirão sobre a questão. As PARTES CONTRATANTES poderão, quando julgarem necessário, consultar as partes contratantes, o Conselho Económico e Social das Nações Unidas e qualquer outra organização intergovernamental competente. Se considerarem que as circunstâncias são suficientemente graves para justificar uma tal medida, poderão autorizar uma ou várias partes contratantes a suspenderem, em relação a outra ou outras partes contratantes, a aplicação de toda concessão ou outra obrigação resultante deste Acordo de que julguem justificada a suspensão, tendo em conta as circunstâncias. Se uma tal concessão ou outra obrigação for efetivamente suspensa em relação a uma parte contratante, será permitido a esta, num prazo de sessenta dias a contar da data da aplicação da suspensão, notificar por escrito ao Secretário-executivo das PARTES CONTRATANTES a sua intenção de denunciar este Acordo; esta denúncia terá efeito no termo de um prazo de sessenta dias a contar da data em que o Secretário-executivo das PARTES CONTRATANTES tenha recebido a referida notificação.

O dispositivo regula os meios a serem empregados pelas PARTES CONTRATANTES, com a finalidade de fazer com que a parte reclamada retire ou corrija a medida inconsistente para adaptá-la aos dispositivos do Acordo.

Inicialmente, é exigida a realização imediata de inquérito, visando à apuração dos fatos. Com o conhecimento dos fatos apurados, as PARTES CONTRATANTES decidirão sobre a questão e farão recomendações. Somente em circunstâncias consideradas suficientemente graves darão autorização à parte prejudicada para que suspenda concessões ou obrigações relativas ao Acordo.

Os relatórios dos grupos especiais adotados pelas PARTES CONTRATANTES passam a ter a autoridade de uma decisão. Estas, se reiteradas, transformam-se em uma interpretação geralmente aceita dos dispositivos do GATT e passam a servir de referência para os grupos especiais posteriores. Apesar da decisão para um caso particular ser obrigatória apenas para as partes envolvidas e de os grupos especiais terem autonomia para decidir de acordo com o caso concreto, se essa decisão apresentar interpretação consistente dos dispositivos para aquele caso, será considerada referência para outras questões em circunstâncias semelhantes. Este procedimento, inclusive, reflete a orientação do art. 31 da Convenção de Viena sobre a interpretação dos tratados, que dispõe: "(...) 3) juntamente com o contexto deverá ser levada em conta toda a prática ulteriormente seguida na aplicação do tratado que estabelece o acordo das partes sobre a interpretação do tratado".

As recomendações são feitas à parte reclamada tendo em vista facilitar a implementação das decisões adotadas pelas PARTES CONTRATANTES e desse modo não são vinculantes. A obrigação do país autor da medida inconsistente é adaptá-la aos parâmetros dos acordos, e a escolha dos meios adequados para cumprir com tal determinação é da própria parte. Contudo, tanto as recomendações quanto os métodos empregados pela parte devem estar de conformidade com o Acordo Geral e com as leis de comércio internacional[111].

Embora o parágrafo 2 do art. 60 da Convenção de Viena autorize a suspensão total ou parcial, pela parte ou partes prejudicadas em um Acordo Multilateral, da aplicação do tratado, a retaliação se mostra prejudicial não somente para a parte à qual é dirigida, mas também para a própria parte que aplicou a medida, e mesmo para os interesses das outras partes envolvidas, além de se constituir em ameaça à manutenção de um tratado feito no interesse de todos os Membros. Por isso, o parágrafo 2 do art. XXIII submete a suspensão de concessões à autorização das PARTES CONTRATANTES. Isto impede o direito de aplicar retaliações unilateralmente e confere às PARTES CONTRATANTES, na vigência do GATT ou, posteriormente, ao Órgão de Solução de Controvérsias da OMC, o poder de decidir sobre a necessidade e a conveniência de tal medida, no interesse do Sistema Multilateral de Comércio.

Como informam Ernst Ulrich Petersmamm e Welber Barral[112], a autorização dada pelas PARTES CON-

---

111. Ibidem, p. 40.
112. Ibid., p. 46. Cf. também BARRAL, Welber. *Dumping e comércio internacional: a regulamentação antidumping após a Rodada Uruguai*. Rio de Janeiro: Forense, 2000, p. 99.

TRATANTES para a suspensão das concessões amparada no art. XXII, 2 do GATT, se assim considerassem "as circunstâncias suficientemente graves para autorizar tal medida" foi utilizada somente uma vez durante os 48 anos em que o GATT 1947 esteve em vigor. Isto ocorreu em 1952 em um caso em que a Holanda reclamava da restrição, imposta pela legislação agrícola norte-americana sobre a importação de produtos lácteos. Apesar de ser autorizada a aplicar retaliações aos Estados Unidos pelo descumprimento do art. XI, que proíbe restrições quantitativas, com algumas exceções, à importação ou à exportação, a Holanda jamais aplicou tal autorização. Isto se justifica pelo prejuízo que resultaria para ambos os países da aplicação da medida autorizada. Mesmo assim, a autorização dada se limitava apenas a uma proporção suficiente para forçar a retirada da medida ilegal e não a um valor equivalente ao prejuízo sofrido.

Disso se depreende que a suspensão de concessões não era usada no GATT como retaliação, somente visando a dar à parte lesada uma satisfação, mas como um instrumento para recompor o equilíbrio de interesses entre as partes contratantes. Nesse sentido, é aplicado em relação ao art. VI do GATT sobre direitos *antidumping* e medidas compensatórias e ao art. III (tratamento nacional na tributação e regulamentação internas) e é um instrumento de política comercial para regulamentar as relações comerciais envolvendo políticas comerciais domésticas divergentes[113].

Para a parte responsável pelo ato considerado inadequado aos objetivos do Acordo, haverá uma "obrigação

---

113. Ibid., p. 47.

secundária"[114] de tomar medidas para retirá-lo ou, não sendo possível, adotar uma das seguintes alternativas:

1) restituição em espécie;
2) reparação pelo equivalente;
3) satisfação e garantia de não-repetição.

A retirada da medida ilegal é o objetivo principal, pois o maior interesse é eliminar os atos contrários ao Acordo, porque estes, se reiterados, podem ameaçar-lhe a estabilidade. A medida também pode deixar de ser considerada ilegal através de uma justificação feita pela parte, alegando alguma cláusula de salvaguarda do GATT. As medidas de salvaguarda são temporárias e são aplicadas a determinado produto independentemente de sua origem e em uma situação considerada suficientemente grave para o setor a que se destina.

A retirada da medida é recomendada na falta das outras alternativas legais. Assim, a parte afetada pode recorrer a uma das três alternativas acima discriminadas, que serão detalhadas a seguir.

A restituição em espécie pode não ser exigida da parte se for excessivamente onerosa ou não puder ser suportada pela parte. Normalmente, na prática do GATT "os estados têm regularmente pedido somente a retirada do ato ilegal *ex nunc* sem demandar o estabelecimento do *status quo ante* ou de situações que teriam existido na ausência do ato ilegal". Em poucos casos envolvendo reclamações relacionadas a medidas *anti-*

---
114. Ibid., p. 40-41.

dumping e medidas compensatórias se exigiu indenização além de remoção da medida ilegal[115].

O fato de a restituição em espécie não ter sido expressamente disciplinada pelo art. XXIII do GATT, ou não ter sido reivindicada na prática do GATT antes de 1985, sugere ser necessário esclarecer sua finalidade e "depende do contexto legal das medidas ilegais em questão"[116].

Os dispositivos do GATT, como, por exemplo, os artigos I, III e XIII, contêm determinações mínimas para um tratamento não discriminatório ao comércio de mercadorias. Conforme a jurisprudência do GATT, essas regras têm a finalidade de proteger "expectativas sobre relações competitivas entre produtos importados e domésticos", de preferência a "expectativas sobre volumes importados". Acrescente-se a isso o fato de ser freqüentemente impossível recriar as "oportunidades comerciais perdidas", ou quantificar os "volumes comerciais perdidos". Mesmo o reembolso de taxas alfandegárias ilegais (ou de taxas internas ilegais) aos respectivos importadores não seria suficiente para o restabelecimento das condições anteriores de competitividade dos países exportadores, em conformidade com as regras do GATT. Este é um dos motivos de tal reembolso nunca ter sido solicitado na prática de solução de controvérsias do GATT.[117]

---

115. Ibid., p. 42.
116. Ibid., p. 43.
117. Ibid, p. 42. Petersmann se refere ao caso *US Taxes on Petroleum and Certain Imported Substances*, relatório do Grupo Especial adotado em 17 de junho de 1987, publicado em BISD 34 S/136.

A reparação pelo equivalente consiste em compensação monetária ou em concessão de benefícios comerciais alternativos e é considerada voluntária na prática do GATT. A obrigação de compensar não está prevista no art. XXIII, e propostas nesse sentido jamais foram adotadas, inclusive durante as negociações da Rodada Uruguai. No entanto, é um instrumento adequado para evitar a suspensão das concessões prevista no parágrafo 2 do art. XXIII, sujeito à concordância da parte afetada. O Entendimento sobre Solução de Controvérsias estabelece, no art. 22, conforme já foi discutido neste trabalho, as regras para a adoção de compensação.

O reconhecimento de que a medida inconsistente, mesmo já tendo sido retirada à época da reclamação, é injusta e a garantia de que tal medida jamais voltará a ser adotada tem sido admitida na prática do GATT. Assim, por exemplo, em uma controvérsia na qual o Canadá reclamava contra a proibição de importação de atum pelos Estados Unidos, o interesse do Canadá era ter assegurado que no futuro a proibição considerada inconsistente com o GATT não seria novamente praticada[118].

6.4. As Reclamações Relativas à Violação das Obrigações Assumidas em Virtude do Acordo Geral

As reclamações levadas às PARTES CONTRATANTES se fundamentam em duas causas: a anulação ou prejuízo de algum benefício direto ou indireto do Acor-

---
118. Ibid., p. 45.

do, ou a imposição de dificuldades na implementação de algum objetivo assegurado pelo Acordo. No entanto, o enfoque dado pelo art. XXIII a essas duas causas, considerando-as suficientes para embasarem a reclamação, independentemente de terem ou não resultado de violação aos termos do Acordo, sugere, *a contrario sensu*, não ser bastante suficiente a alegação de violação às normas do Acordo, sem a demonstração de que para a parte realmente houve um comprometimento ou anulação de qualquer vantagem advinda do Acordo.

A partir de 1960, uma resolução das PARTES CONTRATANTES transferiu à parte reclamada a obrigação de provar não haver causado com a medida contestada qualquer anulação ou prejuízo.

Esta determinação foi confirmada na Rodada Tóquio[119] e permaneceu no parágrafo 8 do art. 3 do Entendimento sobre Solução de Controvérsias da OMC que afirma:

> nos casos de não-cumprimento de obrigações contraídas em virtude de um acordo abrangido, presume-se que a medida constitua um caso de anulação ou de restrição. Isso significa que normalmente existe a presunção de que toda transgressão das normas produz efeitos desfavoráveis para outros Membros que sejam partes do acordo abrangido, e em tais casos a prova em contrário caberá ao Membro contra o qual foi apresentada a reclamação.

Se, em princípio, há presunção e, não, certeza, resta à parte responsável pela medida contestada a possibili-

---

[119.] Cf. ROESSLER, Frieder. *Loc. cit.*, p. 127, n. 7.

dade de apresentar provas para demonstrar que a violação à norma do acordo não resultou em qualquer "efeito desfavorável".

Entretanto, esse não tem sido o entendimento dos grupos especiais que examinaram a questão durante a vigência do GATT. A jurisprudência dos grupos especiais tem considerado, nas argumentações de que o fluxo do comércio não teria sido afetado pela medida inconsistente com o tratamento nacional na tributação (matéria do art. III do GATT 1947), que o dispositivo protege expectativas nas condições de competição entre o produto importado e o produto nacional e não sobre o volume comercializado. Portanto, a existência de regra inconsistente com a obrigação de dispensar o mesmo tratamento aos produtos domésticos e aos importados já é suficiente para constituir anulação ou comprometimento dos benefícios alcançados em virtude do dispositivo[120].

Em 1987, um grupo especial sintetizou a questão com a seguinte afirmação:

> o Grupo Especial examinou como as PARTES CONTRATANTES têm reagido em casos anteriores a reclamações de que uma medida inconsistente com o Acordo Geral não tenha impacto desfavorável e portanto não anula ou compromete vantagens originadas do Acordo geral para a parte contratante que tenha apresentado a reclamação. O Grupo Especial notou que tais reclamações foram feitas em vários casos, mas não havia nenhum caso na história do

---
[120]. Ibidem, p. 129.

GATT no qual uma parte contratante tenha contestado com sucesso a presunção (...) O Grupo Especial concluiu (...) que, enquanto as PARTES CONTRATANTES não tenham explicitamente decidido se a presunção de que as medidas ilegais que causam anulação ou prejuízo poderiam ser contestadas, a presunção tem na prática atuado como uma presunção irrefutável[121].

Os acordos posteriores, como o Acordo Geral sobre Comércio de Serviços (GATS) e o Acordo sobre Subsídios e Medidas Compensatórias, não prevêem em seus dispositivos a possibilidade de que tal presunção seja contestada. Assim, o art. 4 do Acordo sobre Subsídios afirma: "Sempre que um Membro tenha motivos para crer que um subsídio proibido esteja sendo concedido ou mantido por outro Membro, poderá o primeiro pedir a realização de consultas ao segundo".

Da mesma forma, o parágrafo 1 do art. 23 do GATS: "Caso um Membro considere que outro Membro não cumpre com as obrigações ou compromissos assumidos em virtude do presente Acordo, poderá recorrer ao Entendimento de Solução de Controvérsias".

Segundo Frieder Roessler[122], a admissão, pelo grupo especial ou o Órgão de Apelação, de uma contestação fundamentada no parágrafo 8 do art. 3 do Entendimento de Solução de Controvérsias, sobre a presunção de anulação ou qualquer prejuízo, seria incoerente não só com toda a jurisprudência do GATT, mas também faria uma

---

121. Ibid., p. 129, n. 14.
122. Ibid., p. 130.

discriminação entre as reclamações baseadas no GATS ou no Acordo sobre Subsídios e as reclamações relativas aos Acordos Multilaterais de Comércio.

6.5. As Reclamações de Não-Violação

Conforme já mencionado anteriormente, o art. XXIII do GATT concede à parte contratante que se considerar prejudicada em virtude de alguma medida, cujo efeito seja anular ou restringir benefícios ou dificultar a implementação de qualquer objetivo coberto pelo Acordo, a possibilidade de recorrer às PARTES CONTRATANTES. A medida contestada pode constituir-se de uma infração ao Acordo ou, por outro lado, não contrariar nenhuma disposição do Acordo. Neste ponto nos concentraremos a examinar as reclamações fundamentadas nestas últimas, cujo efeito se mostra de alguma forma prejudicial ao Acordo, apesar de, por si mesmas, não se constituírem em infração às suas normas.

Durante os vários anos em que o GATT esteve em vigor, as recomendações e decisões dos grupos especiais para questões sobre a aplicação do Acordo Geral deram origem a uma vasta e importante jurisprudência, que foi levada em consideração, quando em 1979, na Rodada Tóquio, foi feita uma codificação de um sistema de solução de controvérsias. O anexo do Entendimento assim elaborado determina que as reclamações de não-violação sejam detalhadamente comprovadas, o que as diferencia ainda mais daquelas que tenham como fundamento uma infração aos termos acordados.

A Reunião a Meio Caminho, de 12 de abril de 1989, introduziu as "Melhoras às Regras e Procedimentos do Sistema de Solução de Controvérsias do GATT", mas, em relação às reclamações de não-violação, não introduziu nenhuma alteração[123].

Finalmente, foi criada a OMC, cujo Acordo Constitutivo abrange, além dos Acordos Multilaterais e Plurilaterais, o Acordo Geral de Tarifas Aduaneiras e Comércio de 1994 e o novo Entendimento de Solução de Controvérsias. Entretanto, o GATT 1994, apesar de apresentar várias alterações ao GATT 1947, manteve o conceito de anulação ou prejuízo dos benefícios como fundamento para as reclamações levadas aos grupos especiais.

O Entendimento garantiu aos Membros o direito a recorrer das decisões dos grupos especiais ao Órgão de Apelação e estabeleceu o Órgão de Solução de Controvérsias. Ao OSC, como órgão máximo do Sistema de Solução de Controvérsias, foi atribuída a competência para a aplicação e interpretação das normas do Entendimento a questões que não se referem a um acordo específico. Assim, determina o art. 1, 2 que o Presidente do OSC "seguirá o princípio de que as normas e procedimentos especiais ou adicionais devem ser aplicados quando possível, e de que as normas e procedimentos definidos neste Entendimento devem ser aplicados na medida necessária para evitar conflito de normas".

---

[123]. Cf. COTTIER, Thomas e SCHEFER, Krista Nadakavukaren. *Loc. cit.*, p. 155.

Dessa forma, com a revisão das recomendações e decisões dos grupos especiais feita pelo Órgão de Apelação e pelo OSC, que poderá ou não adotá-las, a regra de teor mais genérico do art. XXIII 1, b passa a ter sua aplicação mais uniformizada.

Adicionalmente, o Entendimento detalhou mais o procedimento estabelecido para as reclamações de não-violação do art. XXIII, 1(b). Este procedimento, constante do art. 26, mantém a exigência, introduzida na Rodada Tóquio, de justificativa mais rigorosa para as reclamações sem infração.

O tratamento dispensado às reclamações de não-violação é bastante diferenciado daquele dispensado a reclamações com infração, com respeito à inversão do ônus da prova que, para as primeiras, passa a ser da parte reclamante (comparar os arts. 3, 8, e 26).

Outra diferença diz respeito a não haver obrigação de revogar a medida sem infração, já que a retirada do ato responsável é o principal objetivo nos casos de violação às regras. O OSC recomenda que o Membro afetado procure adaptar a medida de não-violação que foi contestada de modo a satisfazer ambas as partes, conforme se lê no art. 26. O valor dos benefícios anulados ou restringidos por um ato contestado em uma reclamação de não-violação poderá, se solicitado por uma das partes, ser definido por arbitragem. Os árbitros poderão, inclusive, fazer sugestões com a finalidade de se chegar a uma solução satisfatória, mas o acatamento dessas será facultativo para as partes.

6.6. O Tratamento Dispensado às Reclamações por Outros Acordos no Âmbito da OMC

6.6.1. Acordo Geral sobre o Comércio de Serviços

As obrigações assumidas sob o GATS se restringem a uma lista de compromissos específicos que cada Membro disponibilizará, conforme o art. XX. O Acordo, portanto, não é genérico mas se restringe a proteger as vantagens asseguradas pelos compromissos constantes da lista. Se houver alguma controvérsia relativa a esses compromissos, o Acordo prescreve, no art. XXIII, as normas que irão reger as reclamações:

1. Caso um Membro considere que outro Membro não cumpre as obrigações ou os compromissos específicos assumidos em virtude do presente Acordo, poderá, com o objetivo de chegar a uma solução mutuamente satisfatória para a questão, recorrer ao Entendimento sobre Solução de Controvérsias.
2. Se o Órgão de Solução de Controvérsias considerar que as circunstâncias são suficientemente graves para que justifique tal medida, poderá autorizar um Membro ou Membros a suspenderem, com respeito a tal outro Membro ou Membros, a aplicação das obrigações ou compromissos específicos em conformidade com o artigo 22 (Compensação e Suspensão de Concessões) do Entendimento sobre Solução de Controvérsias.
3. Se o Membro considerar que uma vantagem, cuja obtenção podia haver razoavelmente esperado em virtude de um compromisso específico assumido por

outro Membro sob a Parte III do presente Acordo tenha sido anulada ou prejudicada em conseqüência da aplicação de uma medida que não conflita com as disposições do presente Acordo, poderá recorrer ao Entendimento sobre Solução de Controvérsias. Se o Órgão de Solução de Controvérsias determinar que a medida anula ou prejudica dito benefício, o Membro afetado terá direito a um ajuste mutuamente satisfatório conforme o disposto no parágrafo 2 do Artigo XXI, que poderá incluir a modificação ou a retirada da medida. Caso os Membros interessados não cheguem a um acordo, a Seção 22 (Compensação e Suspensão de Concessões) do Entendimento sobre Solução de Controvérsias será aplicável.

O dispositivo estabelece a aplicabilidade do procedimento descrito no Entendimento de Solução de Controvérsias, mas torna explícita a proteção das vantagens que possam ser razoavelmente esperadas dessas listas de benefícios específicos.

A razoabilidade das expectativas é fundamental para a reclamação baseada em uma medida não contrária aos termos do Acordo, mas que tenha como efeito a anulação ou o prejuízo dos benefícios que o Membro espera obter através dos compromissos afirmados nas listas.

O Membro responsável pela medida contestada terá a opção de removê-la ou modificá-la. Caso não haja solução, haverá o recurso à compensação ou suspensão disciplinadas no art. 22 do Entendimento de Solução de Controvérsias.

O artigo 26, 1 (d) do Entendimento sobre Solução de Controvérsias dispõe, para as reclamações de não-violação, que: "Não obstante o disposto no parágrafo 1 do Artigo 22, a compensação poderá fazer parte de um ajuste mutuamente satisfatório com solução final para a controvérsia" Já o art. XXIII do GATS, ao aplicar o art. 22 (compensação e suspensão de concessões), não faz qualquer ressalva sobre o ajuste assim acordado ser definitivo.

O art. VI, 5 do GATS estabelece a obrigação para os Membros da OMC de não aplicarem quaisquer regras que anulem ou prejudiquem os compromissos específicos por eles assumidos :

> Nos setores nos quais um Membro tenha assumido compromissos específicos, até a entrada em vigor das disciplinas que se elaborem para estes setores em virtude do parágrafo 4, dito Membro não aplicará requisitos em matéria de licenças e qualificações nem normas técnicas que anulem ou prejudiquem os compromissos específicos de modo que:
> (...)
> ii) não poderiam haver sido razoavelmente esperados da parte do Membro no momento em que assumiu os compromissos específicos naqueles setores.

6.6.2. O Acordo Antidumping e o Acordo sobre Valoração Aduaneira

O Acordo *Antidumping* e o Acordo sobre Valoração Aduaneira seguem a mesma orientação. Assim, o Acordo Antidumping protege as vantagens diretas ou indiretas cobertas pelo Acordo, sem fazer distinção se o ato contestado se constitui ou não de violação ao Acordo. Portanto, qualquer reclamação relativa a qualquer matéria coberta pelo Acordo deve ser examinada "com boa vontade" pelo Membro a que se dirige:

> todo Membro examinará com boa vontade as representações que lhe sejam dirigidas por outro Membro em relação a qualquer assunto relativo ao funcionamento deste Acordo, bem como oferecerá oportunidade adequada para consultas sobre tais representações (conforme o art. 17, 2)

e

> (...) todo Membro examinará com boa vontade qualquer pedido de consultas formulado por outro Membro (segundo o art. 17, 3).

O Acordo sobre Valoração Aduaneira prescreve, nesse mesmo sentido, que o Membro que julgar que qualquer vantagem para si originada, direta ou indiretamente, do Acordo esteja sendo anulada ou restringida poderá solicitar consultas ao Membro responsável pelo ato que causou tais prejuízos, que "examinará com simpatia" tal pedido, como dispõe o art. 19, 2.

6.6.3. Acordo sobre Aspectos dos Direitos de Propriedade Intelectual Relacionados ao Comércio (TRIPS)

O Acordo sobre Aspectos de Propriedade Intelectual não concede, como se verifica em relação ao GATT e ao

GATS, aos Membros da Organização Mundial do Comércio a possibilidade de negociar compensações e evitar a retirada da medida prejudicial. Essa autonomia, que permite ao Membro prosseguir com sua política doméstica mesmo que esta não se ajuste aos compromissos assumidos no comércio de mercadorias (GATT) ou no comércio de serviços (GATS) não é, no entanto, admitida no TRIPS. O Acordo tem a finalidade de proteger os direitos de propriedade intelectual, garantindo ao autor a faculdade de permitir ou impedir a utilização de sua obra.

Segundo Frieder Roessler[124] não era intenção dos negociadores que o Acordo protegesse o comércio dos direitos de propriedade intelectual, mas que garantisse apenas proteção aos direitos do autor, concernentes, por exemplo, à proibição ou autorização do uso de suas obras, sem gerar expectativas de benefícios que extrapolassem essa finalidade.

Nesse sentido, o art. 64 do TRIPS declara que o Entendimento de Solução de Controvérsias e os artigos XXII e XXIII são aplicáveis às disputas em matéria coberta pelo Acordo, mas suspende por cinco anos, a partir da data de entrada em vigor da OMC, o recurso aos parágrafos 1 (b) e 1 (c) do art. XXIII. Assim, autoriza, nesse período, apenas o exame pelos grupos especiais das reclamações com violação às normas do Acordo. As reclamações baseadas em medidas sem infração ou relacionadas a uma situação específica, conforme o parágrafo 1 (c) do art. XXIII, serão examinadas pelo Conselho do TRIPS quanto à sua modalidade e abrangência, e suas

---

[124.] Cf. ROESSLER, Frieder. *Loc. cit.*, p. 135.

recomendações serão submetidas à Conferência Ministerial. O artigo requer o consenso para a aprovação dessas recomendações, que passarão a vigorar para todos os Membros sem a necessidade de uma aceitação formal. A prorrogação do prazo, inicialmente estipulado em cinco anos, também requer o consenso.

O TRIPS distingue, da mesma forma que o GATT, entre os dois tipos de causa de anulação ou prejuízo de vantagens, separando as causas relacionadas com uma medida com infração daquelas sem infração ao Acordo.

Frieder Roessler[125] argumenta que, se aos grupos especiais e ao Órgão de Apelação fosse submetida uma questão relativa a uma medida que não violasse o Acordo, estes se depararriam com um "vazio normativo", já que o conceito de anulação ou prejuízo não se aplica para essas questões no TRIPS. A proteção do equilíbrio de direitos e obrigações, objetivo do GATT e do GATS com relação às concessões tarifárias e ao comércio de serviços, não se verifica no TRIPS. Nessa área, conforme destaca o mesmo autor, existem países produtores de "conhecimento tecnológico" e países para os quais este é transferido, cujos interesses estão em conflito nesta questão. O reconhecimento mundial da propriedade intelectual pretendido pelos primeiros representa custos a serem suportados pelos últimos. Enquanto para o GATT o art. XXXIII, 1 (b) e para o GATS o art. XXXIII, 3 têm a mesma função de restabelecer uma situação pactuada, indevidamente alterada por uma das partes (claúsula *rebus sic standibus*), no TRIPS esta poderia dar origem

---

[125] Ibidem, p. 136.

a expectativas que iriam além do objetivo do Acordo de proteger a propriedade intelectual. Enquanto sob a ótica de negociadores oriundos principalmente dos países desenvolvidos as medidas sem infração deveriam estar abrangidas pelo TRIPS, negociadores, em sua maioria provenientes de países em desenvolvimento, alegam que o Acordo deve limitar-se a proteger apenas os compromissos assumidos em função deste, excluindo as reclamações sobre as medidas sem violação às suas normas. Frieder Roessler considera que o Princípio da Boa Fé na interpretação dos tratados (conforme os artigos 26 e 31 da Convenção de Viena sobre o Direito dos Tratados, e o art. 3, 2 do Entendimento de Solução de Controvérsias, que preconiza a conformidade com as normas de interpretação do direito internacional) é suficiente para dar à questão o tratamento adequado, sem a necessidade de o TRIPS expressamente se referir ao parágrafo 1 (b) do art. XXIII. Ao Membro que se considerar prejudicado quanto aos aspectos comerciais da questão resta a opção de basear a reclamação no GATT ou no GATS.

7. O equilíbrio das relações econômicas entre os Membros

7-1. O Equilíbrio das Relações Econômicas quanto às Reclamações Relativas à Violação dos Acordos

A distinção entre medidas que violem ou não as normas de um tratado, como já visto, não está presente em todos os acordos da OMC. Essa distinção está-se tornando cada vez mais secundária, visto que a importância fundamental é a proteção dos objetivos do tratado, independentemente de qual seja a natureza da medida em questão.

À proporção que as regras da OMC passaram a reger uma quantidade cada vez mais abrangente de temas relacionados com o comércio internacional, o recurso às reclamações de não-violação está-se tornando cada vez mais reduzido[126].

[126.] Cf. COTTIER, Thomas e SCHEFER, Krista Nadakavukaren. *Loc. cit.*, p. 158.

Os grupos especiais que examinaram a matéria durante a vigência do GATT deram, inicialmente, ao termo "benefício" uma conotação restrita às vantagens originadas diretamente do Acordo. Sob esta ótica, somente foram consideradas procedentes reclamações de não-violação fundamentadas na expectativa de acesso ao mercado gerada por negociações tarifárias. Assim, no caso "Medidas Japonesas Sobre a Importação de Couro"[127], o grupo especial considerou que estas medidas não se justificavam, apesar das razões históricas, culturais e sócio-econômicas alegadas pelo Japão, por entenderem que razões não-comerciais não estavam abrangidas pelo GATT.

Esse entendimento, no entanto, não se manteve e uma interpretação mais ampla foi-se fortalecendo entre os grupos especiais, passando a incluir também os benefícios indiretos esperados de um acordo específico. Fundamental passou a ser a manutenção do equilíbrio das relações econômicas formadas nas negociações, levando-se em consideração não o fluxo real de comércio entre as partes, mas a proteção das expectativas legítimas fundamentadas nestes acordos[128].

O grau de competitividade esperado por um Membro de uma negociação também pode ser modificado não somente pela ação inconsistente com o escopo desta, mas também por promessas não concretizadas pela outra parte. Dessa forma, decidiu o grupo especial em um caso em que os países do Benelux negociaram com a Alemanha a promessa de redução das tarifas aduaneiras sobre

---

[127]. Ibidem, p. 160.
[128]. Ibid., p. 160.

o amido, que estes países foram prejudicados por mudança não prevista nas condições de competitividade acordadas e então recomendou à Alemanha o cumprimento dessa promessa.

Ao focalizar-se a proteção do equilíbrio das relações econômicas, qualquer alteração nas condições negociadas pelas partes poderá causar perturbações nestas relações e, portanto, não ser admitida. Assim, não só desvantagens para uma das partes, mas também benefícios inesperados para a outra parte, poderão ser considerados como prejuízo para a parte reclamante.

No caso "Estados Unidos — Taxas Sobre o Petróleo e Certas Substâncias Importadas" ficou estabelecido que:

> Artigo III:2, (...), não pode ser interpretado para proteger expectativas sobre volumes exportados, ele protege expectativas sobre uma relação competitiva entre produtos importados e produtos domésticos. Uma mudança nas relações competitivas contrariamente àquela determinação deve conseqüentemente ser considerada *ipso facto* como anulação ou prejuízo de benefícios[129].

Um fator importante considerado pelos grupos especiais consiste na não-previsibilidade da ação que tenha como causa a anulação de restrição de benefício no momento das negociações, envolvendo direitos e obrigações relativas ao acesso a mercado.

---
129. Ibid., p. 161.

No caso "Subsídios Australianos sobre Sulfato de Amônia[130], o grupo especial afirmou que a anulação ou prejuízo se verifica: "Se a ação (...) que resultou em perturbação nas relações competitivas (...) não pudesse ter sido antecipada pelo [reclamante] Governo, tomando-se em consideração todas as circunstâncias e as determinações do Acordo Geral, ao tempo em que ele foi negociado ..."[131].

7.2. O Uso do Equilíbrio nas Reclamações de Não-Violação

Durante a década de 1920, conforme já mencionado anteriormente, todo ato não proibido expressamente era visto como permitido por lei, segundo o pensamento positivista. Esse entendimento, no entanto, revelou-se incapaz de pacificar integralmente as relações comerciais internacionais[132].

Nesse contexto, de modo geral os países se limitavam a cumprir as determinações legais e adotavam a interpretação dos tratados que significasse a assunção de um mínimo de obrigações, o denominado princípio *in dubio mitius*, deixando para segundo plano as necessidades da comunidade internacional[133]. Os acordos firmados na época tinham natureza estrita e eram ainda bastante limitados. Pelo exposto, fica claro que facilmente podiam

---

130. Ibid., p. 162.
131. Ibid., p. 162, n. 75.
132. Ibid., p. 164-165.
133. Ibid., p. 168.

ser utilizadas medidas não abrangidas explicitamente pelos acordos, de modo a frustrar-lhes o escopo. Para as disputas envolvendo estas questões somente se poderia encontrar uma solução além da perspectiva positivista, através da proteção às legítimas expectativas baseadas nas condições negociadas.

Quando, em 1947, o Acordo Geral de Tarifas Aduaneiras e Comércio foi estabelecido, as partes estipularam no art. XXIII, 2 um expediente específico para evitar que os objetivos do tratado fossem frustrados por medidas que não violassem expressamente seus dispositivos. No entanto, destacam Thomas Cottier e Krista Schefer[134], embora o Acordo não determinasse de modo explícito tratamento diferenciado a ser aplicado às reclamações fundamentadas ou não em violação, a prática estabelecida pelos grupos especiais em relação a essas questões adotou soluções distintas, conforme a doutrina positivista. Dessa forma, o art. 26 do ESC, refletindo essa orientação, não exige a retirada de uma medida não contraditória aos termos do Acordo, mas que represente o comprometimento de alguns de seus objetivos. Nesses casos, ao Membro prejudicado, permitiu-se a suspensão das concessões.

Assim, a finalidade da inclusão das medidas legais no art. XXIII, ao lado das medidas com violação ao Acordo, foi preservar o equilíbrio alcançado durante as negociações entre as partes.

---

134. Ibid., p. 166.

8. O princípio da proteção às legítimas expectativas

Com a evolução da legislação internacional, os tratados passaram a incluir em suas cláusulas a obrigação de as partes cumprirem as obrigações assumidas em boa fé.

A proteção à boa fé e às legítimas expectativas se tornou um princípio fundamental, de modo a ampliar a abrangência da lei internacional a situações não cobertas expressamente pelos acordos, mas que dificultassem ou impedissem os objetivos perseguidos. Nesse contexto se enquadram os casos de não-violação, descritos no art. XXIII, 1 (b) do GATT.

Assim se expressa Piet-Hein Houben (citado por Thomas Cottier e Krista Schefer Nadakavukaren)[135]:

> boa fé (...) é geralmente reconhecida como expressando um conceito fundamental, sustentando a es-

---
135. Ibid., p. 167, n. 93.

trutura inteira da ordem pública internacional (...). Particularmente, no contexto da lei dos tratados, o princípio da boa fé sendo parte integrante da regra do *pacta sunt servanda* claramente emerge como tendo uma fundamental natureza.

Ora, o cumprimento em boa fé de um tratado como norma imperativa tem como conseqüência o reconhecimento pelas partes contratantes de expectativas razoáveis em relação às matérias negociadas. O Princípio das Legítimas Expectativas vem se afirmando cada vez mais profundamente nas relações internacionais, tornando-se de importância vital num mundo onde os acordos internacionais proliferam cada vez mais[136].

As Nações Unidas tiveram destaque fundamental na passagem de uma concepção essencialmente positivista para um comportamento em que os interesses da comunidade internacional fossem considerados, de modo a incentivar a celebração e o cumprimento de tratados voltados para uma maior cooperação e integração entre os governos, para a consecução dos objetivos e interesses comuns. Thomas Cottier e Krista Schefer[137] citam como exemplo a proibição de agressão e intervenção, a obrigação de solução pacífica de disputas e os princípios relacionados à cooperação internacional como "princípios da lei contemporânea costumeira".

A Carta das Nações Unidas estabelece no art. 2, 2: "Todos os Membros, de modo a assegurar a todos os direitos e benefícios resultantes de sua associação, deve-

---
136. Ibid., p. 168.
137. Ibid., p. 168.

rão preencher em boa fé as obrigações assumidas de acordo com a presente Carta". Também o art. 26 da Convenção de Viena de 1967 (*Pacta Sunt Servanda*): "Todo tratado em vigor obriga as partes e deve por elas ser cumprido em boa fé". Adicionalmente, assim se expressa o art. 31 da mesma Convenção: "Um tratado deverá interpretar-se de boa fé conforme o sentido corrente atribuído aos termos do tratado no seu contexto e tendo em conta seu objetivo e finalidade".

Qualquer interpretação das normas de um tratado deve dessa forma estar harmonizada com a pretensão das partes ao celebrá-lo, ou seja, com o seu significado intrínseco. Assim, uma conduta literalmente de acordo com as regras pode estar caracterizada por uma finalidade oposta a seus objetivos e, no estágio atual da lei internacional, estar proibida por ferir o Princípio da Boa Fé. Além do mais, a previsibilidade das condutas dos Membros e das decisões quanto às controvérsias progressivamente vai-se aprofundando por estarem norteadas pelos Princípios da Boa Fé e das Legítimas Expectativas, aumentando, portanto, a segurança jurídica.

A mudança do enfoque positivista para uma mentalidade mais solidária e mais atenta às finalidades do Acordo em questão aumenta a previsibilidade das condutas futuras dos membros, pois desencoraja atos dirigidos para interesses de caráter individual, que procurem burlar os compromissos assumidos pelas partes.

A eqüidade se tornou um princípio básico nas relações internacionais e um instrumento útil para o juiz na adequação da lei às particularidades do caso concreto. Sendo obviamente impossível para qualquer norma reger de maneira imediata todas as situações concretas no presente e ainda por vir, a eqüidade estende a aplicação não somente da lei doméstica mas também da lei internacional a problemas imprevisíveis que, do contrário, permaneceriam insolúveis.

Assim se manifestou, em 1985, a Corte Internacional de Justiça:

> A justiça, da qual a igualdade é uma emanação, não é uma justiça abstrata, mas uma justiça de acordo com a regra da lei, o que significa que sua aplicação deveria mostrar consistência e um grau de previsibilidade; mesmo que examine particularmente as circunstâncias mais peculiares de um caso específico, ela vai além disso: considera os princípios de aplicação mais gerais; é precisamente por isso que as cortes têm, desde o início, elaborado princípios de eqüidade como sendo, ao mesmo tempo, meios para um resultado eqüitativo em um caso particular e, no entanto, tendo validade mais genérica e, conseqüentemente, sendo possíveis de expressar em termos gerais[138].

A Corte Internacional de Justiça de 1969, decidindo sobre matéria relativa a delimitação marítima, assim se pronunciou:

> Sobre a fundação de preceitos gerais de justiça e boa fé, as regras gerais da lei são aqui envolvidas (...) não é uma questão de aplicação da eqüidade simplesmen-

---
[138] Ibid., p, 169, n. 108.

te como uma matéria de justiça abstrata, mas da aplicação de uma regra da lei (...); nomeadamente: (a) As partes estão sob uma obrigação de entrar em negociação com vista a alcançar um acordo, e não meramente ir para um processo formal de negociação como uma condição anterior para uma aplicação automática de certos métodos de delimitação na ausência do acordo. Elas estão sob a obrigação de se conduzir para que as negociações sejam bem sucedidas.[139]

Assim, na prática, os tribunais têm buscado fundamentar suas decisões no Princípio da Eqüidade, quando o uso restrito das regras é insuficiente para uma solução adequada dos casos mais complexos.

Thomas Cottier e Krista Schefer[140] destacam que a eqüidade e os Princípios da Boa Fé e das Legítimas Expectativas dela decorrentes têm sido aplicados pelos tribunais internacionais para estruturar soluções envolvendo casos complexos, e, por meio de limitações a sua invocabilidade, possibilitar que se alcance a imparcialidade e a previsibilidade, fundamentais à ordem jurídica.

Com relação às questões comerciais, no âmbito do GATT, a inclusão da cláusula relativa às reclamações de não-violação cumpriu, na prática, o objetivo de se manter o equilíbrio nas relações comerciais e foi um mecanismo empregado com a mesma finalidade que a utilização da eqüidade nos casos mais complicados.

---

139. Ibid., p. 170.
140. Ibid., p. 170.

8.1. O Princípio *Pacta Sunt Servanda*

A exigência de se provar a imprevisibilidade da medida objeto das reclamações de não-violação durante as negociações é, na sua essência, a aplicação do Princípio das Legítimas Expectativas, no sentido de se restringir o grau de aleatoriedade das decisões.

O Princípio das Legítimas Expectativas surge como uma expressão mais genérica do Princípio *Pacta Sunt Servanda*, estabelecido no art. 26 da Convenção de Viena.

A boa fé exigida na execução das normas acordadas tem como conseqüência imediata a possibilidade de uma das partes fazer previsões razoáveis sobre o comportamento de seu parceiro relativamente à matéria abrangida. Qualquer desvio, mesmo não proibido, poderá acarretar sérios prejuízos e mesmo tornar desinteressante para o prejudicado prosseguir com o cumprimento do acordo.

O Princípio *Pacta Sunt Servanda* tem sido exaustivamente aplicado na lei internacional e é reconhecido como requisito básico nas negociações de contratos ou visando ao estabelecimento de um tratado. Ele tem como objetivo a proteção dos fins perseguidos pelas partes de um acordo e por isso abrange não só as infrações explícitas às normas como também inclui aquelas que dificultam ou mesmo impedem que sua finalidade intrínseca seja alcançada. Conseqüentemente, uma violação de qualquer natureza proporciona à parte prejudicada o direito de exigir da outra parte a eliminação da medida prejudicial, além de uma compensação pelos danos suportados.

Em última análise, é esse o sentido que se pretende dar à cláusula referente às medidas sem infração explícita aos dispositivos de um acordo constante do art. XXIII, 1 (b) do GATT.

Nos anos que se seguiram ao estabelecimento do GATT, os grupos especiais passaram a determinar que o responsável pela medida reclamada proporcionasse ao lesado uma compensação equivalente ao prejuízo. No entanto, não havia a obrigação de retirar a regra infratora, eliminando assim a causa da perturbação do equilíbrio entre as partes[141].

Mais modernamente, o Entendimento Sobre Solução de Controvérsias da OMC determina no art. 22, como primeira obrigação, que as recomendações dos grupos especiais e do OSC para adaptar uma medida inconsistente com acordo abrangido sejam atendidas, e dá à compensação ou à suspensão das concessões o caráter temporário até a modificação ou a eliminação dessa medida.

No entanto, permanece no art. 26 do Entendimento de Solução de Controvérsias a faculdade de a parte responsável retirar ou manter a medida que causou a anulação ou restrição dos benefícios ou que comprometeu os objetivos de um acordo, sem se constituir em uma infração explícita aos seus dispositivos.

8.2. Exceções ao Princípio *Pacta Sunt Servanda*

8.2.1. A Cláusula *Rebus Sic Stantibus*

Existem exceções à regra do art. 26 da Convenção de Viena que, conforme observam Thomas Cottier e Krista

---

[141]. Ibid., p. 172.

Schefer[142], são interpretadas restritivamente e comprovadas rigorosamente. A primeira exceção se verifica quando há uma mudança fundamental nas circunstâncias e a esta se aplica o art. 62 da Convenção de Viena, que determina:

> uma mudança fundamental nas circunstâncias ocorrida com relação às existentes no momento da celebração de um tratado e que não foi prevista pelas partes não poderá ser alegada como causa para dar por terminado o tratado ou dele retirar-se a menos que:
> a) a existência dessas circunstâncias constituiu-se em base essencial do consentimento das partes em obrigar-se pelo tratado, e
> b) essa mudança tenha por efeito modificar radicalmente o alcance das obrigações que, todavia, deveriam ser cumpridas em virtude do tratado.

Neste dispositivo está contida a cláusula *Rebus Sic Standibus*, que admite o não-cumprimento do acordo pela parte não-responsável pelas mudanças que alteraram significativamente as circunstâncias havidas à época da celebração do mesmo. Esta cláusula é uma manifestação do Princípio das Legítimas Expectativas, já que essas modificações frustraram as expectativas da parte prejudicada com relação aos objetivos do ajuste em questão.

O dispositivo deixa bem claros os requisitos para a sua aplicação:

---
142. Ibid., p. 172.

1) a essencialidade das circunstâncias alteradas,
2) a extensão destas alterações, que devem ser radicais com respeito às obrigações contratuais,
3) a sua não-previsibilidade por ocasião da conclusão do acordo.

As mudanças podem ser consideradas sob uma perspectiva subjetiva ou objetiva. No primeiro caso avaliam-se as expectativas das partes por ocasião das negociações e, no segundo, as expectativas são avaliadas em termos de uma pessoa razoável.

A teoria objetiva foi adotada pela Corte Internacional de Justiça e pela Convenção de Viena e introduz o critério da razoabilidade, permitindo a extensão do princípio aos países não participantes das negociações das obrigações conflitantes[143]. Assim, a não previsibilidade da mudança nas condições negociadas por fatores estranhos à vontade da parte reclamante constitui uma aplicação do Princípio das Legítimas Expectativas, agora sob ângulo diverso do Princípio *Pacta Sunt Servanda*, ou seja, sob a perspectiva da frustração dos objetivos do tratado por uma alteração de caráter fundamental das circunstâncias.

Entretanto, conforme alertam Thomas Cottier e Krista Schefer[144], a aplicação da cláusula *Rebus Sic Standibus* às reclamações baseadas no art. XXIII, 1b apresenta sérias dificuldades. A primeira se deve ao rigor exigido na avaliação dos elementos substantivos que autorizariam a aplicação da cláusula. A segunda se verifica pela

---

[143]. Ibid., p. 173.
[144]. Ibid., p. 173.

conseqüência gerada na utilização desta cláusula, que a doutrina considera ser não a revisão, mas a revogação do tratado. Isto contraria a intenção da OMC de remover obstáculos ao comércio e estabelecer relações econômicas estáveis entre seus Membros. Esse impasse é resolvido considerando cada obrigação abrangida pelo acordo como um contrato distinto, que pode ser rompido sem comprometer o acordo como um todo.

A utilização da cláusula *Rebus Sic Standibus* nas reclamações de não-violação do GATT é difícil, conforme demonstram Thomas Cottier e Krista Schefer[145], utilizando como exemplo um caso envolvendo a Comunidade Européia e o Japão, na década de 1980. A Comunidade Européia reclamava de um aumento no déficit comercial, que se atribuía ao baixo desempenho das exportações comparado com o resultado das importações do Japão. A causa para essa diferença significativa foi apontada pela Comunidade Européia como a "quase impenetrabilidade dos produtos europeus no mercado japonês", constituído por enormes barreiras aos produtos estrangeiros. Conforme destacam os autores[146], a Comunidade Européia não reclamava de qualquer medida particular mas da conjuntura global do mercado. A dificuldade de se provar que uma pessoa razoável não poderia prever, ao tempo das negociações, o crescimento do déficit comercial num contexto de comércio multilateral restringe a aplicação da cláusula *Rebus Sic Standibus*.

Acrescenta-se a isso que, devido ao princípio adotado no GATT de não se aceitarem reclamações fundamenta-

---

145. Ibid., p. 174.
146. Ibid., p. 174

das em pequenas modificações no fluxo comercial, torna-se inútil a simples alegação do déficit comercial sem a conseqüente demonstração de ser este o efeito de mudanças de natureza fundamental nas relações comerciais, o que é também de difícil comprovação. Restaria ainda provar que esse déficit comercial tornou pesado o custo do cumprimento futuro das obrigações assumidas pelo reclamante. De novo, um argumento difícil de se provar.

Pelos motivos expostos, em termos práticos, a aplicação desta cláusula às reclamações de não-violação dificilmente terá êxito.

8.2.2. Frustração de Propósitos

A Frustração de Propósitos se verifica quando as obrigações contratuais, em virtude de um evento não previsto por ocasião da celebração do tratado, tornam-se praticamente inexeqüíveis, de tal forma que continuar a exigir seu cumprimento se configure extremamente injusto. É um conceito semelhante à cláusula *Rebus Sic Standibus*, mas sua aplicação se restringe aos contratos de natureza privada, não sendo admitida nos tratados internacionais. Entretanto, Thomas Cottier e Krista Schefer[147] consideram que, por ser utilizada em contratos de longa duração, sua análise pode ser proveitosa para solucionar controvérsias em matérias de interesse da OMC.

As reclamações baseadas no Princípio da Frustração são feitas quando, embora ainda sendo possível, o cum-

---

[147] Ibid., p. 175.

primento do contrato importe, para a parte recorrente, em grande sacrifício e injustiça.

A esse respeito a jurisprudência norte-americana tem-se manifestado no sentido de que

> a frustração deve ser substancial. Não é suficiente que as transações se tornem menos lucrativas para a parte afetada ou mesmo que ela suporte uma perda. A frustração deve ser tão severa que não é justo ser considerada dentro dos riscos que ela teria assumido sob o contrato[148].

Como mencionado anteriormente, a cláusula *Rebus Sic Standibus* e o instituto da Frustração de Propósitos se assentam sobre princípios bastante semelhantes. Não obstante, a vantagem de se estender o Princípio da Frustração de Propósitos, consagrado no âmbito dos contratos privados, ao domínio da solução de controvérsias da OMC, consiste em se aproveitar todo o acervo de jurisprudência e doutrina desenvolvido em torno da aplicação desse instituto.

8.2.3. Embargo Promissivo

O princípio do embargo, conforme salientam Thomas Cottier e Krista Schefer[149], de origem anglo-saxônica, é bastante utilizado na lei internacional e tem a fun-

---

[148] Cf. ROESSLER, Frieder. *Loc. cit.*, p. 127.
[149] Cf. COTTIER, Thomas e SCHEFER, Krista Nadakavukaren. *Loc. cit.*, p. 176.

ção de obrigar ao cumprimento dos tratados em boa fé. Consiste no fato de haver uma das partes confiado na conduta e nas declarações da outra parte e ter sido, por esse motivo, prejudicada.

Conforme afirmou a Corte Internacional de Justiça:

> o princípio do embargo opera para impedir um Estado de contestar ante a Corte uma situação contrária a uma representação inequívoca e clara previamente feita por um outro Estado, expressa ou implicitamente, em cuja representação o outro Estado foi, nas circunstâncias, autorizado a confiar, e de fato confiou, e como resultado o outro Estado esteja sendo prejudicado ou o Estado causador do prejuízo assegurou algum benefício ou vantagem para si próprio.[150]

O que está em discussão é a mudança no equilíbrio relativo dos Estados estabelecido por ocasião das negociações. Esta alteração deve ser significativa e pode ser causada por uma piora expressiva na posição de uma das partes, ou uma melhora acentuada para a outra parte, ou mesmo a ocorrência simultânea desses dois fatores.

Esse princípio já foi empregado em um caso relativo ao amido envolvendo a Alemanha e os países do Benelux. Estes basearam sua reclamação no não-cumprimento, pela Alemanha, da promessa de reduzir suas tarifas "tão logo quanto possível" e de um acordo, com início em 1952, para negociar tarifas. Ambas as promessas foram examinadas pelo grupo especial e consideradas como

---

[150] Ibidem, p. 176.

prejudiciais para os países do Benelux, na medida em que, baseados na confiança e sem obter reciprocidade, fizeram concessões tarifárias, por ocasião das negociações, em função da redução futura das tarifas praticadas pela Alemanha.

A recomendação feita pelo grupo especial (que no entanto assegurou para si a prerrogativa de julgar, quando assim se fizesse necessário) foi de que as partes realizassem negociações para encontrar soluções satisfatórias para ambas. O grupo especial posteriormente verificou os acordos de concessões tarifárias subsidiadas da Alemanha e afirmou que, caso a Alemanha se tivesse recusado a cumprir as promessas reclamadas poderia ter sido embargada[151].

O princípio do embargo se reveste de grande utilidade para solucionar as reclamações de não-violação da OMC, no sentido de se proibir que ações posteriores causem uma piora relativa nas relações negociadas pelos Membros.

8.2.4. Abuso de Direitos

A proibição contra abusos de direitos proveniente da lei civil é um ramo da boa fé e da eqüidade e seu uso está também consagrado na lei internacional contemporânea[152]. Consiste em impedir ações que não contrariem a lei ou o acordo, mas que venham a frustrar expectativas legítimas com respeito a obrigações neles estabelecidas.

---
151. Ibid., p. 177, n. 140.
152. Ibid., p. 178.

Para o emprego desse princípio também tem-se exigido a não previsibilidade, pela parte frustrada, das circunstâncias sob as quais ocorre o exercício do direito considerado abusivo.

O caso do sulfato de amônio representa um bom exemplo da aplicação do princípio do abuso de direitos.[153] Trata-se de concessões tarifárias negociadas entre o Chile e a Austrália, havendo esta posteriormente suspendido subsídios para fertilizantes chilenos existentes na época das negociações. O Chile alegou que a situação vigente por ocasião das negociações justificava a suposição da permanência dos subsídios que já vigoravam há bastante tempo. Este argumento foi aceito pelo grupo especial, que entendeu ter a Austrália agido de acordo com o seu direito mas que, apesar de a retirada do subsídio, tomada isoladamente, não ocasionar anulação ou prejuízo, nessas circunstâncias resultou em um desequilíbrio nas relações comerciais. Dessa forma, concluiu que houve, por parte da Austrália, abuso de direito, frustrando legítimas expectativas do Chile, decorrentes da conjuntura existente durante as negociações.

8.3. As decisões *ex aequo et bono*

Em situações muito complexas, em que a aplicação rigorosa da lei não conduz a resultado justificado, tendo em vista circunstâncias particulares, uma interpretação que extrapola os limites da aplicação da norma pode ser admitida, com o consenso das partes, conforme já deter-

---

153. Ibid., p. 178.

minado pela Corte Internacional de Justiça[154]. Entretanto, os grupos especiais e o Órgão de Apelação não têm poderes para formular decisões *ex aequo et bono*, a não ser pela utilização da arbitragem, quando as partes em litígio concedem aos árbitros poderes expressos para tal.

A falta de permissão formal para tais decisões tem sido suprida pelos grupos especiais através da sua aplicação implícita, que pode ser constatada em relatórios que mostram a opção preferencial pela conciliação sobre os argumentos legais. Como exemplo disto, há o caso *Citrus*[155], no qual o grupo especial, apesar de reconhecer ter sido previsível a mudança posterior das circunstâncias, procurando restabelecer o equilíbrio de direitos e obrigações ao abrigo dos artigos I e XXIV (do GATT), mudou a tendência da decisão, passando a uma recomendação *ex aequo et bono*. Por isso, o grupo especial foi bastante criticado.

---

[154]. Ibid., p. 179.
[155]. Ibid., p. 179.

9. Conclusões

A cláusula de não-violação do art. XXIII, 1 (b) foi de grande utilidade em uma época em que o positivismo dominava na área das relações internacionais. Com o passar dos anos, a legislação internacional evoluiu e passou a incorporar o princípio da boa fé, expresso no art. 26 (*Pacta Sunt Servanda*) da Convenção de Viena de 1967 e o princípio das legítimas expectativas como uma condição importante para a interpretação e a aplicação dos tratados.

A Convenção de Viena também contém, no art. 31, uma norma genérica de interpretação, consagrando o princípio da boa fé. Os princípios *pacta sunt servanda* e do embargo promissivo já estão bem assentados na prática internacional de soluções de controvérsias.

A frustração e o abuso de direitos estão também reconhecidos no direito internacional e podem ser de utilidade para os casos cuja solução passe pela aplicação do princípio da boa fé e das legítimas expectativas.

As cláusulas *rebus sic standibus* e a frustração, como visto, apresentam requisitos de difícil satisfação e devem ser rigorosamente aplicados para evitar-se o último recurso às decisões *ex aequo et bono*.

A Rodada Uruguai incorporou a experiência obtida na prática da discussão das disputas comerciais, adotando várias mudanças importantes no procedimento relativo à solução de controvérsias. Introduziu também, conforme discutido, várias e significativas alterações nessa matéria, de forma a tornar mais ágil e precisa a resposta do sistema às múltiplas e complexas questões a ele submetidas, conforme requer a prática comercial.

Entretanto, com respeito ao dispositivo de não-violação do art. XXIII, 1 (b), o procedimento nele preconizado e utilizado por vários anos de vigência do GATT permaneceu inalterado, não havendo qualquer inovação que correspondesse à sensível evolução experimentada pelas disputas internacionais.

O mecanismo das reclamações de não-violação foi importante para o fortalecimento do sistema em um cenário em que as soluções positivistas predominavam e no qual a soberania estava firmemente atrelada às relações internacionais, de forma a se tornar um empecilho à liberação do comércio internacional.

Essa perspectiva se transformou radicalmente, de início de forma lenta e depois mais rapidamente, com a criação da OMC, que passou a abranger maior número de acordos e a expandir a sua competência em áreas tão diversas como o meio ambiente e direitos de propriedade intelectual.

Dessa forma, se anteriormente já era reduzida a quantidade de reclamações sem infração, como já exposto, este tipo de questão foi e ainda está sendo reduzido na medida em que a OMC estende a sua área de competência.

A par da possibilidade de se recorrer ao princípio da boa fé e ao princípio das legítimas expectativas para solucionar as controvérsias e a crescente redução das questões de não-violação possíveis de ser levadas à OMC, dada a abrangência dos assuntos cobertos por esta, torna-se desnecessária a utilização do mecanismo de não-violação.

Se a utilização do conceito de não-violação na década de 1920 era um avanço, por incorporar a proteção das legítimas expectativas, inexistente à época na legislação internacional, atualmente configura atraso por dificultar a aplicação de medidas mais efetivas para o restabelecimento do equilíbrio comercial, que envolvem a eqüidade e a confiança mútua no sistema de comércio internacional.

Portanto, não há necessidade de se separar as disputas, conforme haja ou não violação às normas dos acordos, oferecendo, para cada tipo, soluções diversas, como determinado pelo art. 26 do Entendimento de Solução de Controvérsias. Ao contrário, o enfoque não deveria se ater à existência ou não de violação, mas deveria tão-somente estar centrado na anulação ou prejuízo dos benefícios que apresentassem uma razoável expectativa de se concretizarem, tornando-se um incentivo para a celebração do acordo pelas partes.

Os casos em que não fosse encontrada qualquer violação aos acordos deveriam ser pensados e solucionados como os casos de violação, com a retirada ou a adaptação da medida prejudicial e a utilização temporária de compensações, de forma a manter o equilíbrio entre as partes, segundo já previsto para as ações com violação pelo art. 22 do Entendimento de Solução de Controvérsias. Isto extrapolaria a obrigação estipulada no art. 26 do ESC de um ajuste satisfatório, passando a eliminar a causa mesma de tal desequilíbrio.

Entretanto, o art. XXIII, 1 (b) do GATT 1994 e o Acordo TRIPS mantêm a distinção entre medidas com e sem violação, ao admitirem a manutenção da medida prejudicial aos objetivos dos acordos, caso não se constitua em violação aos seus dispositivos. O recurso à compensação ou à suspensão autorizada de concessões, como alternativa à remoção da medida contestada, previsto no art. 26 para esses casos, tem como conseqüência a permanência da causa do desequilíbrio nas relações comerciais.

Portanto, deve ser dispensado o mesmo tratamento, sem qualquer distinção, às reclamações baseadas ou não em violação, concentrando-se, primeiramente, em eliminar qualquer medida contrária às finalidades pretendidas pelas partes ao celebrarem um acordo. Jamais deve ser permitida a possibilidade de permanência do ato prejudicial, exigindo-se apenas da parte responsável compensações ou permitindo à parte prejudicada a suspensão de concessões. Isto não resolve o problema e, o que é mais grave, a medida inconsistente continua constituindo-se em entrave à plena aplicação do acordo.

Nesse sentido, o Acordo Geral de Comércio e Serviços e o Acordo de Subsídios já protegem a expectativa razoável de benefícios de uma medida sem infração aos acordos, que tenha como efeito a anulação ou o prejuízo dos benefícios deles advindos. Tanto o GATS como o

Acordo de Subsídios submetem quaisquer medidas prejudiciais, independentemente de se constituírem ou não em infrações, às soluções disponíveis no art. 22 do Entendimento sobre Solução de Controvérsias.

A expansão da atuação da Organização Mundial do Comércio às diversas áreas às quais se aplica a lei comercial torna desnecessário o recurso às regras específicas para as reclamações de não-violação desenvolvidas na década de 1920.

Ao contrário, as regras gerais de aplicação e interpretação dos tratados, incluindo o recurso ao Princípio da Boa Fé e ao Princípio das Legítimas Expectativas, tornam obrigatório o cumprimento de um acordo em boa fé e reconhecem o direito a expectativas razoáveis, dentro do contexto em que este foi negociado. A evolução da lei internacional permite, inclusive, que as reclamações sejam solucionadas sem qualquer referência ao conceito de anulação ou prejuízo de benefícios, bastando para uma parte a alegação de que o outro Membro não cumpriu com suas obrigações em boa fé. Além disso, existe uma moderna jurisprudência para questões dessa natureza, que, junto com as regras de aplicação e interpretação dos tratados, podem impedir a violação aos objetivos da Organização Mundial do Comércio.

Bibliografia

BARRAL, Welber. *Dumping e comércio internacional: a regulamentação antidumping após a Rodada Uruguai*. Rio de Janeiro: Forense, 2000.

COSTA, Lígia Maura. *OMC: manual prático da Rodada Uruguai*. São Paulo: Observador Legal, 1994.

COSTA E SILVA, Eugênio da. A propriedade intelectual e a liberalização do comércio internacional. *In* CASELLA, Paulo Borba e MERCADANTE, Araminta de Azevedo. *Guerra comercial ou integração pelo comércio?*, São Paulo: Editora Letras, 1998, p. 690-728.

COTTIER, Thomas e SCHEFER, Krista Nadavuraken. Non-violation complaints in WTO/ GATT Dispute Settlement: Past, Present and Future. *In* PETERSMANN, Ernst-Ulrich. *International Trade Law and the GATT/ WTO Dispute Settlement System*. London: Kluwer Law International, 1997, p. 143-183.

FILHO, Geogenor de Sousa Franco. *Tratados internacionais*. São Paulo: LTR, 1999.

FRATALOCCHI, Aldo e ZUNINO, Gustavo. *El comercio internacional de mercaderías*. Buenos Aires: Osmar D. Buyatti, Libreria Editorial, 1997.

GOYOS JUNIOR, Durval de Noronha. *A OMC e os tratados da Rodada Uruguai*. São Paulo: Observador Legal,1994.

_____. (coord.) *O direito do comércio internacional*. São Paulo: Observador Legal, 1997.

GUEDES, J. M. M. e Pinheiro, S. M. *Dumping, subsídios e medidas compensatórias*. São Paulo: Aduaneiras, 1996.

JOHANNPETER, Guilherme Chagas Gerdau. *Antidumping: prática desleal do comércio internacional*. Porto Alegre: Livraria do Advogado, 1996.

LAFER, Celso. *A OMC e a regulamentação do comércio internacional: uma visão brasileira*. Porto Alegre: Livraria do Advogado, 1998.

LAMPREIA, Luiz Felipe. A Organização Mundial do Comércio e o Brasil. *In* GOYOS Jr., Durval de Noronha (coord.). *O direito do comércio internacional*. São Paulo: Observador Legal, 1997, p. 11-17.

LAVIÑA, Félix. *Organización del Comercio Internacional*. Buenos Aires: Ediciones Depalma, 1993.

LICKS, Otto B. O Acordo dos Aspectos de Propriedade Intelectual Relacionados ao Comércio (TRIPS Agreement). *In* CASELLA, Paulo Borba e MERCADANTE, Araminta de Azevedo. *Guerra comercial ou integração pelo comércio?*, São Paulo: Editora Letras, 1998, p. 607-649.

LOPES, J. M. Cidreiro. *O Acordo Geral sobre Pautas Aduaneiras e Comércio (GATT)*. Lisboa: Fundação Calouste Gulbenkian, 1995.

MELLO, Celso Duvivier de Albuquerque. *Curso de direito internacional público*. Rio de Janeiro: Renovar, 1994.

_____. Perspectivas do direito internacional econômico. *In* CASELLA, Paulo Borba e MERCADANTE, Araminta de Azevedo. *Guerra comercial ou integração pelo comércio?*, São Paulo: Editora Letras, 1998, p. 70-93.

MERCADANTE, Araminta de Azevedo. Acordo geral sobre comércio de serviços: aspecto jurídico. *In* CASELLA, Paulo Borba e _____. *Guerra comercial ou integração pelo comércio?*, São Paulo: Editora Letras, 1998, p. 413-459.

MORA, Miquel Montaña. *La OMC y el reforzamiento del sistema GATT*. Madrid: McGraw-Hill, 1997.

NAZO, Georgette Nacarato. A propriedade Intelectual e o TRIPS. *In* CASELLA, Paulo Borba e MERCADANTE, Araminta de Azevedo. *Guerra comercial ou integração pelo comércio?*, São Paulo: Editora Letras, 1998, p. 650-659.

KUYPER, Peter, J. O direito do GATT como um campo especial do direito internacional: ignorância, refinamentos posteriores ou um sistema autocontinente de direito internacional?, *In* CASELLA, Paulo Borba e MERCADANTE, Araminta de Azevedo. *Guerra comercial ou integração pelo comércio?*, São Paulo: Editora Letras, 1998, p. 15-49.

PETERSMANN, Ernst-Ulrich. International Trade Law and the GATT/WTO Dispute Settlement System 1948-1996: an introdution. *In*---. *International trade law and the GATT/ WTO Dispute Settlement System*. London: Kluner Law International, 1997, p. 3-122.

RESULTADOS DA RODADA URUGUAI DO GATT. Decreto n.º 1355 de 30/12/94, D.O.U. de 31/12/94, 1ª ed. São Paulo: Aduaneiras, 1995.

RANGEL, Vicente Marotta. Marraqueche, 94 e os dois GATT: breve apresentação. In CASELLA, Paulo Borba e MERCADANTE, Araminta. *Guerra comercial ou integração pelo comércio?*, São Paulo: Editora Letras, 1998, p. 126-136.

REZEK, J. F. *Direito internacional público: curso elementar*. São Paulo: Saraiva, 1996.

ROESSLER, Frieder. The Concept of Nullification and Impairment in the Legal System of the World Trade Organization. In PETERSMANN, Ernst-Ulrich. *International Trade Law and the GATT/WTO Dispute Settlement System*. London: Kluwer Law International, 1997, p. 123-142.

ROQUE, José Sebastião. *Direito Internacional público*. São Paulo: Hemus, 1997.

SACERDOTI, Giorgio. A transformação do GATT na Organização Mundial do Comércio. In CASELLA, Paulo Borba e MERCADANTE, Araminta de Azevedo. *Guerra comercial ou integração pelo comércio?*, São Paulo: Editora Letras, 1998, p. 50-69.

SOARES, Guido F. S. O tratamento da propriedade intelectual no sistema da Organização Mundial do Comércio: uma descrição geral do Acordo TRIPS. In CASELLA, Paulo Borba e MERCADANTE, Araminta de Azevedo. *Guerra comercial ou integração pelo comércio?*, São Paulo: Editora Letras, 1998, p. 660-689.

THORNSTENSEN, Vera. OMC, *Organização Mundial do Comércio: as regras do comércio internacio-*

nal e a rodada do milênio. São Paulo: Aduaneiras, 1999.

WEISS, Friedl. Aspectos de direito internacional público do TRIPS. *In* CASELLA, Paulo Borba e MERCADANTE, Araminta de Azevedo. *Guerra comercial ou integração pelo comércio?*, São Paulo: Editora Letras, 1998, p. 575-606.

WTO. *The WTO: Trading into the Future*. Genebra, 1998.

WTO. *1998,1997,1996 Anual Report*.

Impresso em offset nas oficinas da
FOLHA CARIOCA EDITORA LTDA.
Rua João Cardoso, 23 – Tel.: 2253-2073
Fax: 2233-5306 – CEP 20220-060 – Rio de Janeiro – RJ